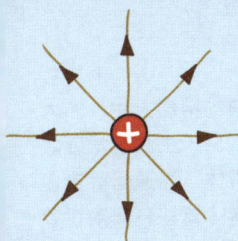

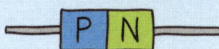

法拉第开创的世界

从铁匠之子到电磁之父的科学传奇

[日] 藤岛昭　　落合刚　　滨田健吾　著

上官文峰　译

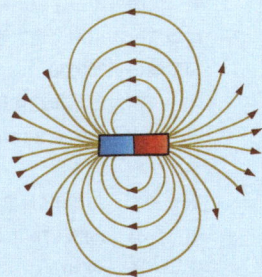

迈克尔·法拉第

上海交通大学出版社
SHANGHAI JIAO TONG UNIVERSITY PRESS

内容提要

本书用通俗的语言和丰富多彩的图画介绍了英国科学家法拉第的精彩人生、伟大成就及其对科学发展和当今生活的影响。主要内容包括法拉第的坎坷人生和自学成才道路；法拉第的发明发现如何影响现代生活（涉及电磁感应、半导体、光通信等诸多领域）；与法拉第有关的科学家；法拉第6次科普演讲的精彩内容（这些科普演讲曾被整理成《蜡烛的故事》出版，在英国已印刷了200版，并被翻译成数十种语言，成为传世的科普名著）。本书展现了法拉第执着而伟大的科学精神与科学方法，对读者尤其是广大青少年具有重要的启发与激励作用。

图书在版编目（CIP）数据

法拉第开创的世界：从铁匠之子到电磁之父的科学传奇 /（日）藤岛昭，（日）落合刚，（日）滨田健吾著；上官文峰译. — 上海：上海交通大学出版社，2025. 6.
ISBN 978-7-313-32826-7

Ⅰ. K835. 616. 1-49

中国国家版本馆CIP数据核字第2025KQ9200号

FARADAY NO TUKUTTA SEKAI!

© 2024 Akira Fujishima, Tsuyoshi Ochiai, Kengo Hamada Chinese translation rights in simplified characters arranged with Kagaku–Dojin Publishing Company, INC through Japan UNI Agency, Inc., Tokyo

上海市版权局著作权合同登记号：图字：09-2024-761

法拉第开创的世界——从铁匠之子到电磁之父的科学传奇
FALADI KAICHUANG DE SHIJIE——CONG TIEJIANG ZHI ZI DAO DIANCI ZHI FU DE KEXUE CHUANQI

著　者：	〔日〕藤岛昭　落合刚　滨田健吾	译　者：	上官文峰
出版发行：	上海交通大学出版社	地　址：	上海市番禺路951号
邮政编码：	200030	电　话：	021-64071208
印　制：	苏州市越洋印刷有限公司	经　销：	全国新华书店
开　本：	890mm × 1240mm　1/32	印　张：	4.5
字　数：	97千字		
版　次：	2025年6月第1版	印　次：	2025年6月第1次印刷
书　号：	ISBN 978-7-313-32826-7		
定　价：	49.80元		

前　言

　　科普名著《蜡烛的故事》一书，是英国科学家迈克尔·法拉第 (Michael Faraday，1791—1867 年) 的演讲集成之作。他以蜡烛燃烧为题材，通俗易懂地解释了生活中的各种化学反应和物理现象。下面这幅画描绘了当时演讲会的情景。站在众多听众中间演讲的人就是法拉第。孩子们在前面的座位上饶有兴趣地听着演讲。

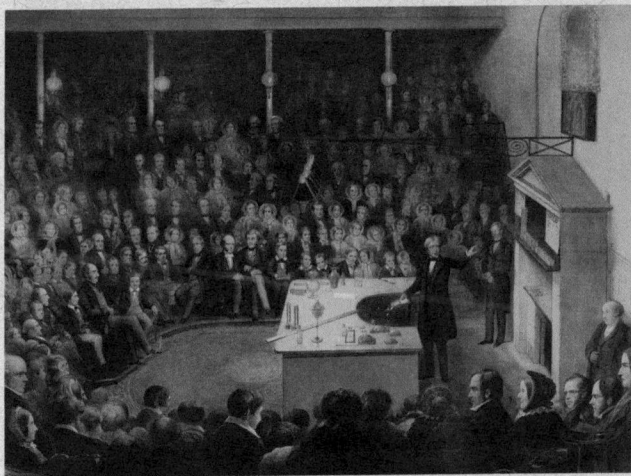

法拉第的演讲场景（1855 年圣诞讲座）

　　那么问题来了。

　　对比法拉第的演讲场景与 2024 年的演讲会场景（见下页图片）。想想看，169 年来发生了哪些变化？也请思考一下画中没有画出来的部分以及照片中没有照出来的部分是什么。

　　怎么样？区别很大吧。

1

归纳一下发现主要有以下几点不同：

（1）现场照明，灯光变成了电灯；

（2）使用了麦克风和扬声器，声音可以传得很远；

（3）使用了计算机和投影仪，可以在屏幕上显示大图像；

（4）使用了空调，使演讲会现场的环境变得舒适；

（5）使用了网络，随时随地都能听演讲了。

现代演讲场景

在 169 年的时间里，新生事物层出不穷，各种发明创造使世界变得越来越便捷。看看下面所示的设备和技术分别是什么时候、由谁发明的呢？

1）电力照明

1879 年（白炽灯：托马斯·阿尔瓦·爱迪生）。

1962 年［可见红光发光二极管（LED）：尼克·霍洛尼亚克］。

2）麦克风

1878 年左右（碳粒式麦克风：戴维·爱德华·休斯）。

3）扬声器

1925 年（电动式扬声器：凯洛格和赖斯）。

4）个人计算机

1949 年（诺伊曼型计算机 EDSAC）。

5）投影仪

1943 年（光阀式投影仪 Eidophor：托马斯·约翰·沃森）。

6）屏幕

1926 年（聚氯乙烯工业化：B.F. 古德里克公司）。

7）空调

1902 年（第一台电动空调：威尔斯·哈维兰·卡里尔）。

8）互联网

1876 年（电话：亚历山大·格雷厄姆·贝尔，1880 年开始用电话线与 80 千米以外的地方通话）。

1886 年（电波收发器、偶极子天线：海因里希·鲁道夫·赫兹）。

1894 年（无线电通信：古列尔莫·马可尼）。

1969 年（ARPANET：美国国防部，用电话线连接 4 台计算机）。

除此之外，还有很多人参与开发和发展。详情请参考 https://www.internethalloffame.org/。

实际上，以上这些设备和技术都是以法拉第的发现为基础制造出来的。更多信息将在第二章进行详细说明。如果没有法拉第，现代社会和我们的生活也许会完全不同。

读了这本书，你会更加了解法拉第的伟大以及他对科学的执着。希望大家也能像法拉第一样，学习科学、享受科学、传播科学。

2024 年春天

藤岛昭

目　录

第一章

法拉第是什么样的人？

第一节　贫穷的童年和学徒生涯

法拉第出生于 1791 年 9 月 22 日，是伦敦郊区一个贫穷铁匠的次子。这一年，是莫扎特去世的一年，也是加尔瓦尼发表青蛙实验研究成果的一年。法拉第的兄弟姐妹中，排行第一的是姐姐伊丽莎白，其次是哥哥罗伯特、妹妹玛格丽特。关于法拉第的童年和早期生活，以及为了成为铁匠而外出学徒的哥哥罗伯特的故事，在传记中有记载，但关于他姐姐和妹妹的详细情况未有留存。另外，法拉第的父亲是制作马蹄铁等物品的铁匠，但他经常生病，无法工作，因此家庭并不富裕。1801 年，他还申请了生活救助。

据说在法拉第 5 岁时，全家搬到了伦敦市内，法拉第在附近的学校和教会学习基本的读写。当时的英国并没有像现在这样人人都有机会上学的教育体系。只有一部分上流社会的人能接受良好的高等教育，而像法拉第这样不富裕家庭的孩子是无法接受高等教育的。那个时代的科学家们大多出身于上流社会。因此，在贫困家庭长大的法拉第能成为家喻户晓的大科学家实属罕见。

当时的英国法律规定，从事特定职业的人，必须在一段时间内作为学徒工参与工作，掌握必要的技术。这对贫困家庭的孩子来说是一项非常苛刻的制度。作为学徒工的话，可以寄宿，一边工作，一边跟师傅学习技术。等学徒期结束后，就可以堂堂正正地从事手艺人的工作，甚至还有机会开分店，拥有自己的店铺。因此，对于

像法拉第这样没有受过教育的贫困家庭出身的孩子来说，学徒是他们为自己开创未来事业的宝贵机会。

　　法拉第 14 岁就去当学徒工了。工作地点在布兰德福德街，该店铺由法国人乔治·里博经营，主要从事与书店和装订相关的业务。当时，在签订学徒合同的时候，孩子的父母一般会向工作单位的师傅支付保证金，但也有极少数和善的雇主会免除这笔钱。里博就是那种和善的雇主之一。实际上，法拉第从 13 岁开始就在里博的店里打工，送报纸、借书等。他工作认真，得到了里博的信任，特别是里博夫人对他很友善。这在哈里·苏钦的传记《法拉第的一生》[①]中有相关记载。

---

① 哈里·苏钦.法拉第的一生［M］.小出昭一郎，田村保子，译.东京：东京图书株式会社，1992.

第二节　科学的志向与转机

法拉第在里博的书店里学习装订技术，逐渐成长。与此同时，好奇心旺盛的法拉第对周围的书很感兴趣。慷慨的里博还允许法拉第在休息时间阅读他书店里的书。因此，法拉第获得了阅读各种书籍的机会。他特别热衷于阅读《大英百科全书》中有关"电"的内容。法拉第在 7 年学徒期间阅读了大量的科学书籍，通过自学获得了科学知识。对于生活贫困、受教育环境缺乏的法拉第来说，里博的书店无疑是最好的学习环境。正是这样，学徒是法拉第成为科学家的第一步。

对科学产生极大兴趣的法拉第，在已经独立的哥哥罗伯特的资助下，多次参加约翰·塔图姆的讲座，还可以在那里看到现场实验。法拉第在即将结束学徒生涯的 1812 年，从里博书店的老顾客威廉·丹斯那里得到了一张英国皇家学会公开讲座的门票。法拉第非常认真地听了当时很受欢迎的科学家汉弗莱·戴维的精彩演讲，还做了笔记并装订成讲义。

21 岁时，法拉第结束了在里博家的学徒生涯，开始在法国人罗什的店里做装订工。但是，与里博不同，罗什似乎是个很挑剔的人。听过了戴维演讲的法拉第，萌发了成为科学家的强烈愿望。但是，装订店的实习工作是没办法成为科学家的。思来想去，法拉第给当时担任英国皇家学会会长的约瑟夫·班克斯爵士写了一封信，说想

去拜会班克斯爵士，询问他是否有可能在皇家学会获得一份工作。经常给人送书的法拉第对伦敦的路况非常熟悉，写完信后他立刻把信交给了班克斯爵士家的门卫。

过了一周也没有收到回信，于是法拉第再次去找门卫询问，发现他寄出的信封上写着"无须回信"，他看了很受打击。21岁年纪轻轻的装订店打工人直接向英国皇家学会会长提要求，这是不合常理的，没回复也是理所当然的结果。只能说法拉第对成为科学家的愿望是如此强烈。

后来，在里博和丹斯的建议下，法拉第决定向戴维求助。他把精心装订好的戴维演讲记录附在信中寄给他。不久戴维就回信了，面谈后法拉第被戴维录用为实验助手。

第三节　欧洲之旅

1　813 年 10 月，法拉第在英国皇家研究所担任实验助理不到半年，便随同老师戴维前往欧洲进行为期一年半的旅行，高贵的戴维夫人也一起去了。虽然舟车劳顿，但法拉第结识了各地有名的研究者，之后也保持着联系。

在访问的第一站巴黎，他听了与戴维有竞争关系的约瑟夫·路易·盖–吕萨克的讲座，还认识了备受关注的数学家安德烈·安培。此时，安培带来了当时成分尚不明确的黑色样品，并委托戴维分析其成分。戴维在巴黎期间研究了这种物质，结果表明它是一种与氯非常相似的新元素。

戴维决定去欧洲旅行，是因为他从当时的欧洲统治者拿破仑那里得到了一种特殊的通行证，也就是护照。法拉第本人也只见过一次乘坐马车前往巴黎元老院的拿破仑。

他们在巴黎逗留了两个月后，又艰难地乘坐马车翻越阿尔卑斯山进入意大利。戴维于 1814 年 2 月在佛罗伦萨进行了著名的钻石燃烧实验。将钻石放入装有氧气的玻璃容器中，用大型透镜照射太阳光，约 30 分钟后钻石就会燃烧起来。通过对玻璃容器内的气体进行分析后发现，这是一种只含有氧和碳的气体，从而证明了钻石是由碳组成的。

接着在米兰逗留，1800 年发明电池的亚历山德罗·伏打来访。

戴维　　　　　　　　　　　　　　　　　　法拉第

1806 年和 1807 年，戴维利用大量伏打电池（又名伏特电堆）在熔盐电解中发现了钾和钠等 6 种元素，对他来说，伏打的来访一定有着特别的意义。法拉第认为，伏打电池在电机原理、电磁感应的发现中起着重要作用，所以这次与伏打的见面应该给他留下了难忘的回忆。

1814 年夏天，法拉第在瑞士日内瓦遇到了只有 14 岁的年轻的杜马，从此开始了他们维持一生的友谊。杜马后来成了一位伟大的有机化学家。

欧洲之旅 4 次穿越阿尔卑斯山岳地带，道路坑坑洼洼。可以想象小马车在那样的山路上行进，一定非常辛苦。这部分在哈里·苏钦的传记中有比较详细的记载。

1815 年 4 月 23 日他们回到英国，但这场武者修行的欧洲之旅对法拉第来说是非常宝贵的人生经验。

第四节　英国皇家研究所的早期公开讲座

英国皇家研究所建筑（1838 年左右）

英国皇家研究所的公开科普讲座始于 1800 年。公开讲座分为晚上专场和面向普通公众的上午专场，面向普通公众的讲座和科学课程由首任教授托马斯·加尼特担任演讲者开始。但是，因为开设的科目太多，所以遇到了各种问题，坚持了两年就结束了。1801 年，当时已经成为教授的戴维向公众进行以现场演示实验为特色的演讲，受到广泛好评，有时甚至有近 1 000 名听众蜂拥而至，尤其特别受到女性的欢迎。还在学习、蓄力的法拉第担任戴维的助手，协助戴维完成演讲。有时，也会邀请外部的讲师来担任主讲人。

例如，约翰·道尔顿就在 1803 年的 6 个星期里做了 20 次讲座。

　　法拉第本人也做过很多次演讲，详见附录 2。特别是他根据自身的经验，总结了做演讲时应该注意的一些要点，至今仍有参考价值。

托马斯·加尼特的公开演讲
（詹姆斯·吉尔雷绘，1802 年）
注：捏着实验参与者鼻子的是加尼特，拿着风箱的是戴维，在最右边观看的是本杰明·汤普森。

　　　　"演讲者应该轻松、沉着，条理清晰，围绕主题侃侃而谈。而且，说话时要缓慢地、优雅地、自然地变换姿势。特别是要尽最大努力吸引听众的心和注意力。最重要的一点是严格遵守一小时的演讲时间。如果时间太长，听众就会感到疲劳，无法集中精力听讲。"

第五节　星期五讲座

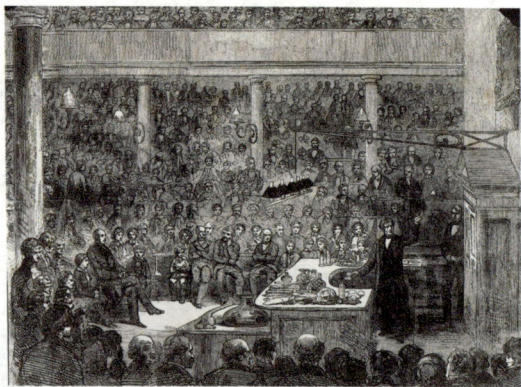

法拉第星期五讲座
（亚历山大·布莱克利绘，1856 年）

1 825 年，法拉第发起并创立了"星期五讲座"，在每周五晚上 8 点 30 分开始一小时的演讲。星期五讲座是面向成年人的，它与下面介绍的圣诞讲座形成鲜明的对比。当时，每周五由一位科学家举行的带有现场实验的演讲，被视为是一种超越学习本身的娱乐活动。包括正式开讲前的 1824 年所做的演讲在内，法拉第本人所做的星期五讲座多达 74 场。不仅如此，他还做了 26 场其他主题的科普讲座，以及 19 个系列的圣诞讲座（1 个系列包含 6 次演讲）。

法拉第负责的演讲平均每场有 721 名听众，可见非常受欢迎。演讲内容除了与自己的研究有关外，还涉及电的绝缘和传导、地球和其他行星的大气层、感应电流等五花八门的题材。附录 2 所列的"与

法拉第本人研究主题相关的星期五讲座"总结了主要演讲主题和参加人数。

由法拉第发起并创立的星期五讲座历经 200 年而不衰，延续至今仍在举行。近 200 年来参加过演讲的科学家超过 2 000 人。传统的星期五讲座直到现在仍要求参加的听众必须穿正装，男性要穿黑色晚礼服，女性要穿颜色鲜亮的礼服或规定的正装。

这里介绍一个有趣的小故事。1846 年，法拉第邀请他的朋友——伦敦大学的惠斯通教授做演讲。虽然两人相约同行到达演讲会现场，但生性害羞的惠斯通在演讲前突然逃走了。结果，法拉第不得不临时代替他，在毫无准备的情况下做了演讲，谈论了他当时正在研究的电磁感应课题。据说后来麦克斯韦就是在法拉第猜想的基础上展开研究，证明了电磁波的存在。自此以后，每逢星期五讲座，为了防止演讲嘉宾在演讲前逃跑，演讲会开始前休息室都会上锁。

第六节　圣诞讲座

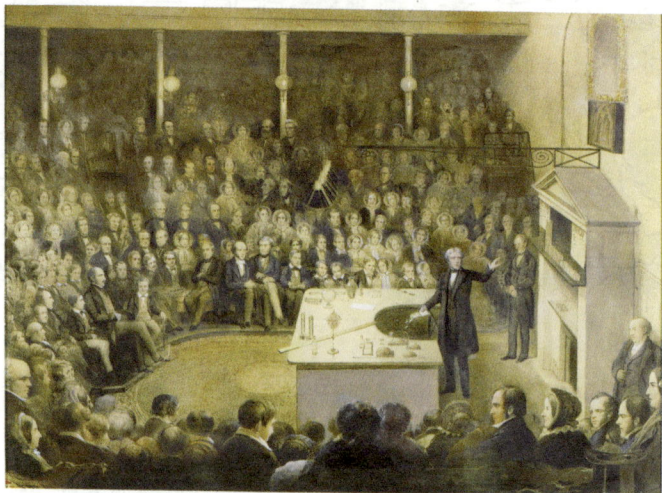

法拉第的演讲场景（1855 年圣诞讲座）
（亚历山大·布莱克利绘，1855 年）

书籍化的圣诞讲座

为儿童举办的圣诞讲座是法拉第于 1826 年开始创立的。圣诞讲座与星期五讲座不同，一般是连续 6 次，从 12 月下旬持续到 2 月，其中包括圣诞假期。法拉第本人举办了 19 场圣诞讲座，后来以当时的讲座内容为基础编辑成书，取名为《蜡烛的故事》，与 1859 年出版的《力与物质》一起结集出版。《力与物质》和《蜡烛的故事》一样，都是由克鲁克斯整理。

法拉第在以《蜡烛的故事》为主题的 6 次演讲中，总共进行了

88 次演示实验，而在《力与物质》为主题的演讲中进行了 103 次演示实验。这些演示实验的准备工作主要是由安德森（1790—1866 年）完成的。下面简单介绍一下安德森。

安德森比法拉第大一岁，但去世比法拉第晚一年。作为法拉第的助手，安德森严格遵守法拉第的要求，不折不扣忠实地完成法拉第交给他的工作。有这样一个小插曲：一次，安德森被告知要在熔炉点火，但法拉第当天忘记了此事，结果安德森就一直守在炉前直到第二天早上。

安德森服兵役直到升为中士后退役，从 1827 年到 1865 年法拉第去世，他一直担任法拉第的助手。演讲的各种准备自不必说，演讲中他还会向法拉第展示"慢点"或者"大声点"等标语牌。当然，这些也是按照法拉第事先准备好的指令，忠实地执行而已。

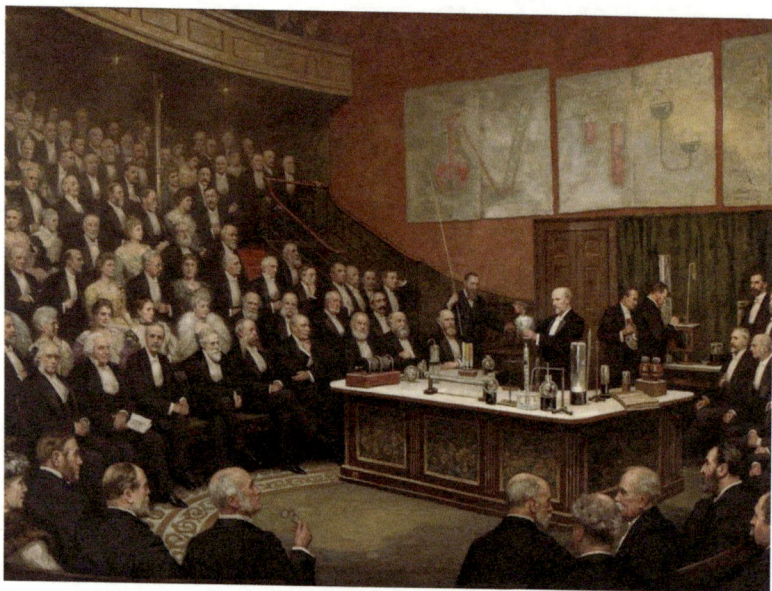

杜瓦的圣诞讲座"液态氢"
（亨利·布鲁克斯绘，1904 年）
注：杜瓦成为法拉第的接班人。

现代的圣诞讲座

在法拉第之后，圣诞讲座上也出现了其他的精彩演讲人。比如，英国皇家研究所化学教授詹姆斯·杜瓦，他的演讲也广受好评。圣诞讲座只在 1939 年至 1942 年第二次世界大战期间中断了一段时间，进入 20 世纪以后，以发现 X 射线晶体衍射而闻名的威廉·劳伦斯·布拉格的演讲吸引了许多年轻人。此外，英国从 1936 年开始播放电视节目，也使得更多的人有机会能够收视圣诞讲座。

最近，除了英国皇家研究所外，其他的地方也开始举办科学讲座。在日本，从 1990 年开始每年夏天都会举办"英国皇家研究所科学实验讲座"，邀请前一年英国圣诞讲座的演讲者再次演讲。

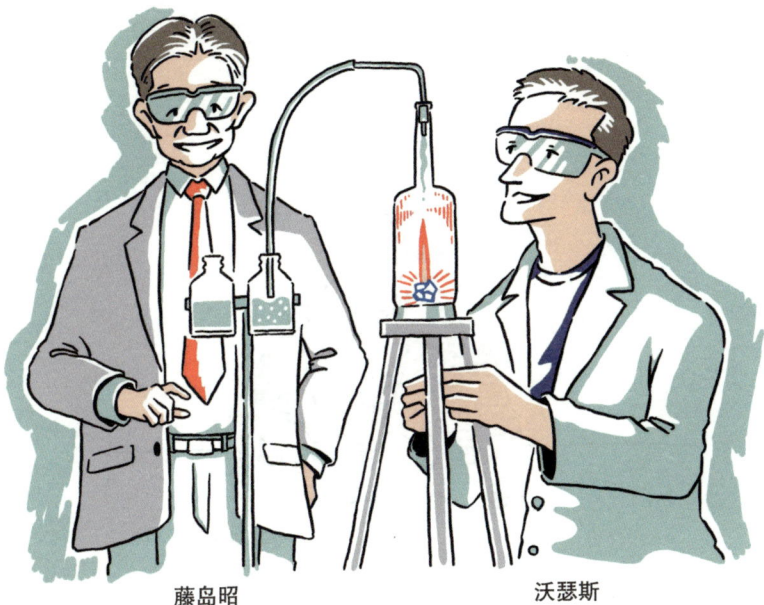

藤岛昭　　　　　　　　　沃瑟斯

钻石发出巨大火焰燃烧的情景
注：这是在东京理科大学葛饰校区举行的圣诞讲座中的一个场面。

2013 年 8 月 14 日，在东京理科大学葛饰校区的图书馆大厅，约 150 名小学生和中学生参加了第 24 届英国皇家研究所科学实验讲座（圣诞讲座）（2013）。讲师是从英国特意赶来的剑桥大学的彼得·沃瑟斯博士。

当时的主要实验内容有以"燃烧"为主题的燃烧最轻元素氢的实验，以及法拉第年轻时跟随老师戴维在意大利佛罗伦萨进行的燃烧钻石的实验。当钻石发出巨大火焰燃烧时，观众们发出了惊讶的声音。本书的作者之一藤岛昭当时是东京理科大学的校长，担任了沃瑟斯博士的实验助手。

第七节　法拉第和论文

　　论文，是对自己在某一领域的研究内容进行归纳总结，以实验数据等客观依据为基础，将自己的主张和证明合乎逻辑地撰写而成的学术性文稿。因此，它与散文等文学性作品的性质不同。而且，一般论文在公开之前都要经过"同行评审"这一程序，经过多人的严格审查和认可，论文才能出版。因此，论文相较于其他一般性文章具有更高的可信度，科学家们将其作为学习先行研究的手段，也用作展示自己研究成果的方式。法拉第也和其他科学家一样，从论文中学习，并通过发表论文将研究成果流传后世。例如，他在氯气的液化、电解定律、电磁感应等领域留下了诸多功绩。

　　法拉第一生共发表了约 500 篇论文（见下页图片）。目前，法拉第的部分论文也可以在互联网上看到（https://royalsocietypublishing.org/action/doSearch?field1=Contrib&text1=Michael+Faraday&field2=AllField&text2=&startPage=0&sortBy=EPubDate&pageSize=20）。图中总结了不同年代发表的论文数量。

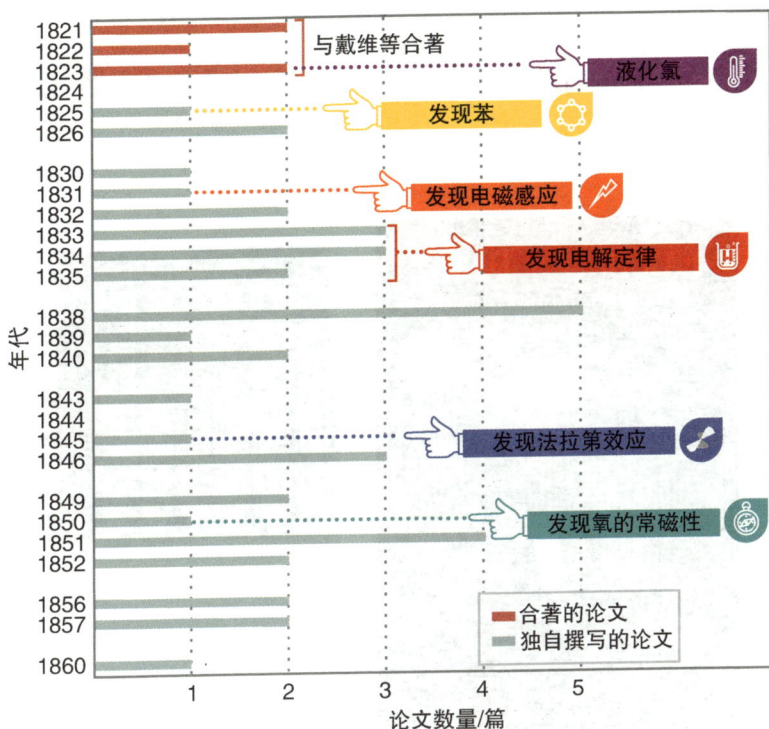

法拉第发表的论文数量
注：图中的图标和颜色分配对应于第二章。

法拉第从 1820 年初开始从事研究活动，初期发表的论文都是他和他的导师戴维合著的，后来他开始单独发表论文。虽然图中所示的只是他的部分论文，但至少可以说明他的主要论文，如电磁感应的发现等是单独发表的。法拉第的研究工作都是独自进行的，他不收弟子，只雇用了安德森一个助手。

那么，法拉第是一个孤独的研究者吗？事实上，法拉第通过论文和信件与国内外的许多研究人员进行过交流。此外，在成为英国皇家研究所的化学教授之后，他还接受其他部门的委托（如政府和民间企业等），参与煤矿爆炸事故调查以及环境调查等事务，并致力于公开讲座等教育领域，为科普教育做出了贡献。

第八节　法拉第日志：一流的实验笔记

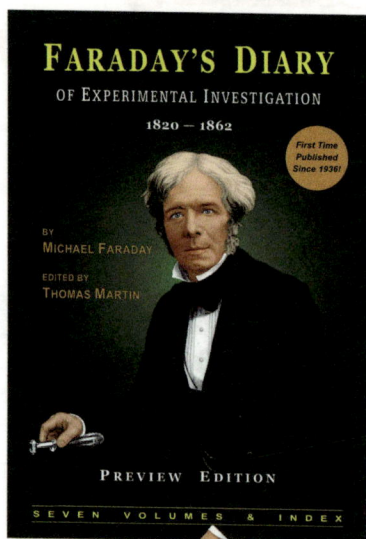

要 想全面纵览法拉第的研究活动,法拉第日志则是不可或缺的。从 1820 年至 1862 年的 42 年,法拉第留下了无数他手写的实验笔记。法拉第日志的原文由法拉第本人装订,并在生前赠送给英国皇家研究所（这是只有曾经在装订厂工作过的法拉第才能做到的事情）。现在全 7 卷的书籍以铅字印刷形式出版。

一般来说,实验笔记都会记录每天实验的方法和结果,但法拉第的笔记与众不同。法拉第除了记录实验方法和结果之外,他还详细记载了对结果的思考、下一个实验计划、对结果的预测以及先行研究等。另外,每个段落都用简短的句子进行总结,并标有连续序号。通过添加编号对数据进行整理,这样在制作表格和图表时更容易找

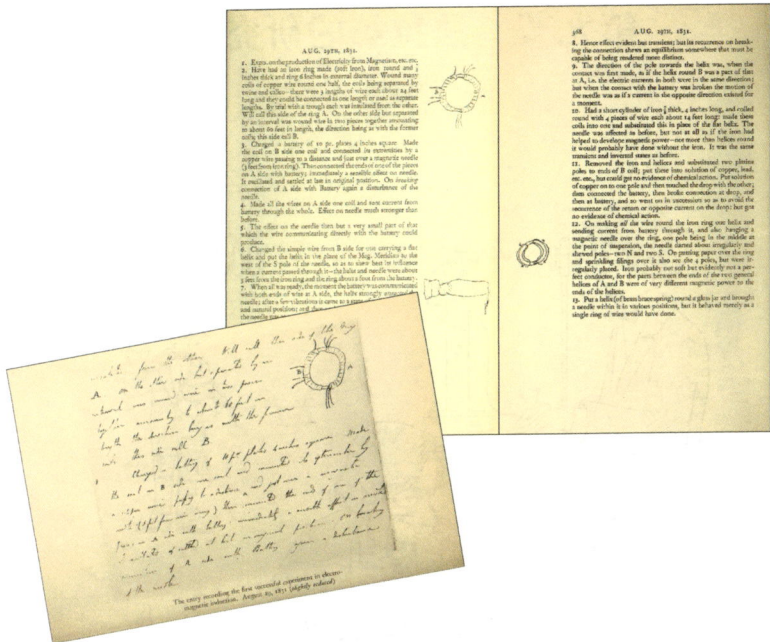

发现电磁感应时的法拉第日志

到出处。因此，他的实验笔记不仅仅只是实验记录，从完成度上看更像是论文的草稿。

法拉第留下了一句名言："工作、完成、发表"，这也是后来整理出版《蜡烛的故事》一书的威廉·克鲁克斯（因发明了克鲁克斯管而闻名于世）给予的总结。从"工作、完成、发表"的意思和顺序来理解，可以看出法拉第对所从事的研究及把研究成果归纳总结成论文，继而公开发表的这个过程的重视。这个理念在现代也同样非常重要。在科学研究中，研究成果的先取权（优先权）非常重要，因为荣誉往往会授予首次发表新发现的人。所以，科学家们一般都会尽快将自己的研究成果以"论文"的形式向世界发布。

第九节　法拉第的研究速度

从 法拉第日志的撰写特点和他对克鲁克斯的要求来看，法拉第
似乎特别执着于以论文的形式发表研究成果。下面的图表总
结了法拉第的日志记录以及其内容作为论文发表的时间。关于电解
定律的论文完成于 1833 年至 1835 年间，以 *Experimental researches in
electricity* 为题，发表了一系列论文，分成第一至第七系列，总共 7 篇。

电解第一定律的第三系列没有记载论文提交的日期，估计是 12
月末至 1 月上旬。而这篇论文的实验是在 1832 年 8 月 25 日至 12 月
24 日的 4 个月内进行的。从研究完成到出版几乎没有时间间隔。

我们再来看看电解第二定律。第五、第七系列是电解第二定律
的记录。第五系列的提交日期是 1833 年 6 月 18 日。该论文的实验

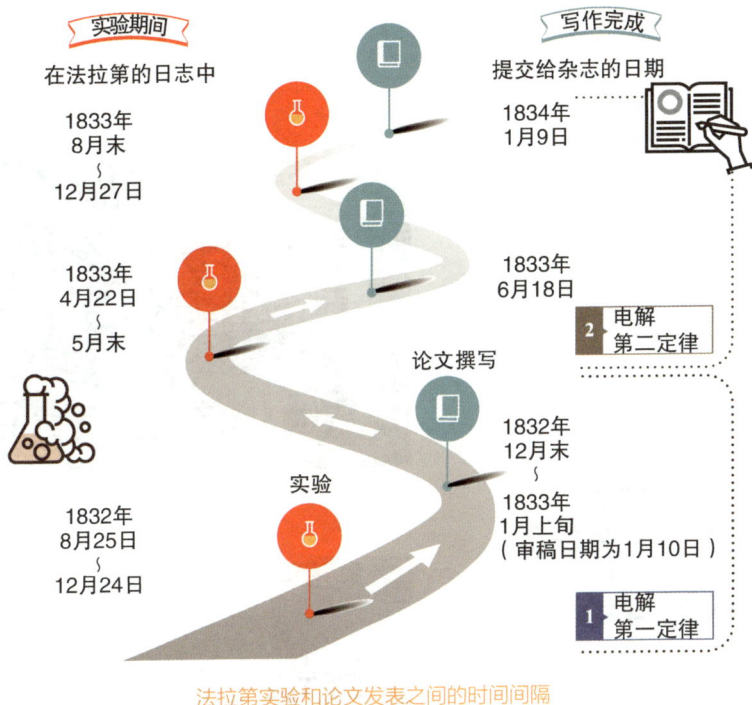

实验期间

在法拉第的日志中

1833年
8月末
～
12月27日

1833年
4月22日
～
5月末

1832年
8月25日
～
12月24日

实验

论文撰写

写作完成

提交给杂志的日期

1834年
1月9日

1833年
6月18日

2 电解
第二定律

1832年
12月末
～
1833年
1月上旬
（审稿日期为1月10日）

1 电解
第一定律

法拉第实验和论文发表之间的时间间隔

于同年 4 月 22 日至 5 月末的一个月内完成。第七系列的提交日期是 1834 年 1 月 9 日。这篇论文的实验从 1833 年 8 月末到 12 月 27 日进行了 4 个月。

　　可见，法拉第从完成研究到发表所花的时间很短。对先取权的强烈执着和高完成度的实验笔记（法拉第日志）的存在，是他作为优秀科学家的印证，而这或许也是他能够在世间留下诸多成果和业绩的一个重要原因。

　　现在，法拉第日志可以在网上阅读原文。读一读原文，并与自己的笔记比较一下也是一个不错的主意。本书的作者之一藤岛昭就在 30 多年前购买并阅读过这些日志。

专栏 法拉第的足迹 1

■英国皇家化学学会

在英国皇家化学学会的地下室，原封不动地保留着法拉第的工作场所，还保存着他发现电磁感应时使用过的线圈。

●法拉第的工作场所

●法拉第遗留下来的电磁感应线圈（1845 年）

●英国皇家学会外观

■英国皇家研究所

英国皇家研究所是 1799 年成立的科学教育和科学研究机构。虽然被称为"皇家"，但它并不是由国王设立的，而是由国王认可的机构。戴维在公开讲座中使用伏打电池吸引了听众，法拉第也展示了自己在电磁学方面的发现。自 1827 年起，这里开设了儿童科学课程圣诞讲座。

●现在的讲义室

●法拉第的大理石雕像

第二章

寻找身边的法拉第

1821 年	30 岁	① 进行电流与磁铁之间相互作用的实验
		① 制造了名为电磁旋转的装置（电动机的原型）
1823 年	32 岁	⑤ 成功液化氯气
1825 年	34 岁	⑥ 发现苯
1831 年	40 岁	② 发现电磁感应现象
1833 年	43 岁	③ 发现电解定律
1834 年	44 岁	④ 进行法拉第笼实验
1837 年	46 岁	④ 开始研究静电感应实验
1838 年	47 岁	④ 发现真空放电中的法拉第暗区
1839 年	48 岁	⑦ 发现物质的半导体性质
1845 年	54 岁	⑨ 发现反磁性
		⑧ 发现法拉第效应
1846 年	55 岁	⑧ 构思光的电磁波理论
1850 年	59 岁	⑨ 发现氧气的显著顺磁性
1862 年	71 岁	⑩ 预测磁场导致光谱变化

注：圈码与下页图片中的编号对应。

① 电动机的发明	② 电磁感应发电	③ 电化学反应基础	④ 电场效应	⑤ 低温系统的应用
⑥ 苯的发现	⑦ 半导体现象的发现	⑧ 对光通信的贡献	⑨ 磁性的发现	⑩ 光与磁场的关系

法拉第的十大功绩

在 这一部分，我们将逐一介绍法拉第代表性的发现和发明，并详细解释这些发现和发明是如何影响现代生活的。

法拉第留下了许多发现和发明，其中许多是诺贝尔奖级别的成果，如果法拉第的时代有诺贝尔奖，据说法拉第至少会获得6个奖项。

那么，法拉第的功绩如何影响我们的生活呢？实际上，法拉第的功绩隐藏在我们生活的每个角落。我们将以插图的形式总结"身边的法拉第"。从电力、汽车到化学产品等，各种物品和场所都应用了法拉第的成就，这些成就支撑着我们的社会。此外，在我们的生活空间中也有许多应用了法拉第研究成果的产品。可以说，如果没有法拉第，也许就没有我们现在的生活。

半导体
（太阳能电池）

电磁感应
（风力、
火力发电）

电磁感应
（水力发电，
变电站）

光通信
（法拉第
效应）

电动机
（电车）

电动机
（飞机）

电动机
（船舶）

苯的发现、
氯的液化
（化工厂）

空调
（氯的液化、
电动机）

音响
（法拉第笼、
电磁感应）

计算机、手机
（法拉第笼、
电磁感应）

传感器
（法拉第笼、
电磁感应）

冰箱
（氯的液化、
电动机）

汽车、内饰、涂
料、燃料电池
（苯的发现、法拉第
笼、电化学、电动机）

半导体被用于
上所有产品中

第一节　电动机的发明

电动摩托车

电动自行车

电动老人车

混合动力汽车
（HEV）

电动汽车
（EV）

电动火车

移动式电机

丹麦科学家奥斯特在实验中发现，当电流通过铂金制成的导线时，下方的磁针在电路接通或断开时会移动。

　　奥斯特立即将这一发现写成论文公开发表。这是关于电流磁效应的首次发现。他的论文于 1820 年 7 月发表，震惊了整个欧洲。特别是电流产生环形磁场这一点引起了广泛关注。这里的"磁场"指的是磁体周围的磁力作用区域。从磁铁相互吸引或排斥的现象中，人们早已知道"磁场"的存在。然而，带电物体周围也存在电力作用区域，即"电场"，并且"电场"和"磁场"之间存在密切关系，这还是首次发现。

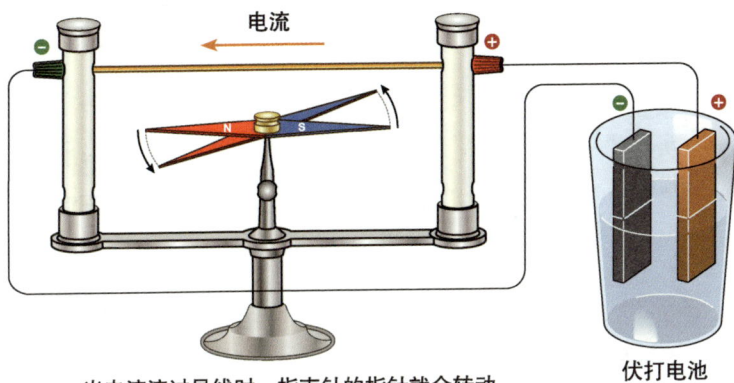

当电流流过导线时，指南针的指针就会转动

伏打电池

　　这一发现于 1820 年 10 月传到英国。法拉第的导师戴维开始与法拉第等人进行相关实验。戴维当时认为，磁场和电场之间只有引力和压力作用。此外，戴维的朋友沃拉斯顿认为，如果将永久磁铁靠近导线，导线可能会旋转。实际上，沃拉斯顿也与戴维讨论过，并在 1821 年 4 月进行了这个实验，但未能使铂金线旋转。与此同时，法拉第受朋友菲利普斯的委托，开始撰写关于电流磁效应的综述，并进行相关研究。这篇综述分别在 1821 年 9 月和 1822 年 2 月匿名发表。在撰写过程中，法拉第反复思考，提出新想法并进行实验。有一次，法拉第使用可以自由旋转的小磁石（磁针）来研究磁场的分布。他发现磁针动了，围绕导线转圈形成环形，因此制作了一个可以让细金属线自由旋转的装置。

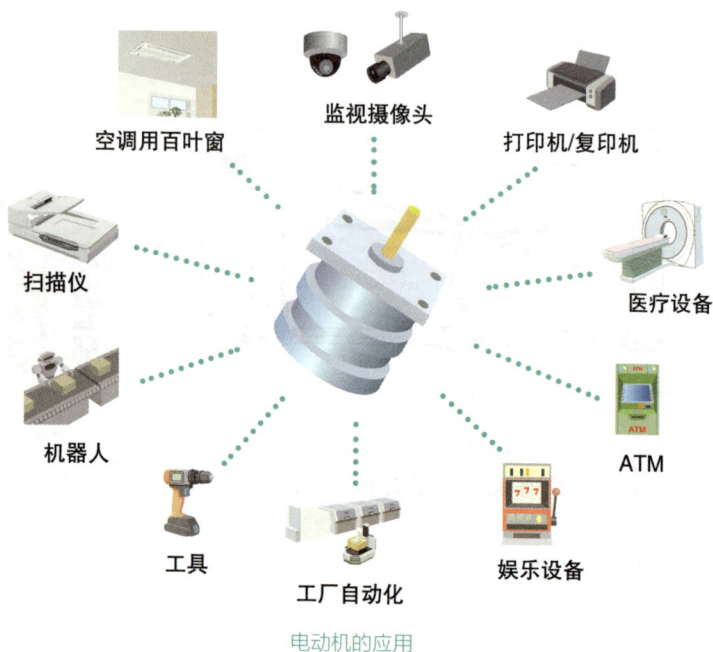

空调用百叶窗　监视摄像头　打印机/复印机

扫描仪

医疗设备

机器人

ATM

工具　工厂自动化　娱乐设备

电动机的应用

　　当使用电池和电磁铁进行实验时，细金属线开始旋转（电动机的原型，参见"再现法拉第的电磁旋转实验"）。当时，法拉第正好告诉了来访的妻子萨拉的弟弟，萨拉也看到了，大家都非常高兴。那是他们新婚第一年的圣诞夜。法拉第急忙整理论文准备发表。然后，为了得到最初提出这一想法的沃拉斯顿的理解，他去了沃拉斯顿的家。但是沃拉斯顿不在家，所以法拉第直接发表了论文。之后法拉第的处境变得很尴尬。一方面，有人称赞这项发明；另一方面，因为论文中没有感谢最初提出这一想法的沃拉斯顿，法拉第受到了周围人的指责。虽然法拉第后来见到沃拉斯顿并跟他做了解释，但还是留下了终生的遗憾。

　　不管怎样，电动机已成为现代社会不可或缺的部件之一。

再现法拉第的电磁
旋转实验

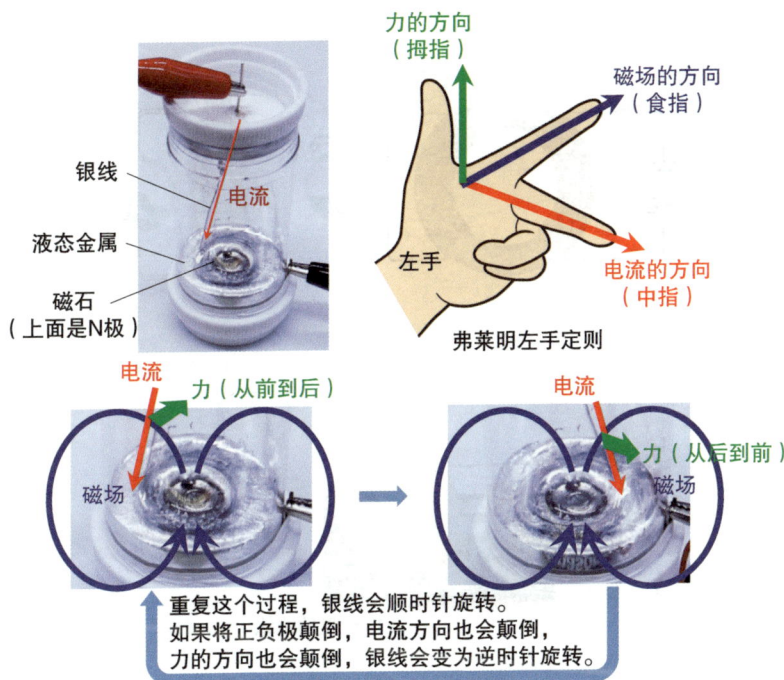

银线

液态金属

磁石
（上面是N极）

电流

力的方向
（拇指）

磁场的方向
（食指）

左手

电流的方向
（中指）

弗莱明左手定则

电流

力（从前到后）

磁场

电流

力（从后到前）

磁场

重复这个过程，银线会顺时针旋转。
如果将正负极颠倒，电流方向也会颠倒，
力的方向也会颠倒，银线会变为逆时针旋转。

电流在通过银线周围时会产生磁场。通过磁场与中央磁石的相互作用银线产生旋转运动。弗莱明研究了电流方向、磁场方向及其产生的力的方向之间的关系，这也称为"弗莱明左手定则"。但最初是法拉第发现的电磁感应定律，弗莱明在大学讲座中为了更容易解释才设计的"弗莱明左手定则"。另外，法拉第使用了水银作为液态金属，但水银有毒，所以这里使用在室温下为液态的合金（镓＋锡＋铟）代替。

第二节　电磁感应发电

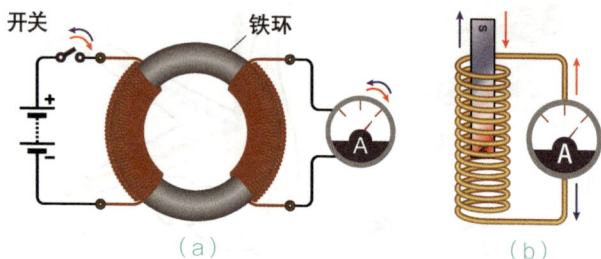

（a）　　　　　　　　　　　（b）

法拉第的电磁感应实验

（a）在铁环上缠绕的两个线圈之间感应电流的实验；（b）将磁铁放入线圈中并移动会产生感应电流的实验

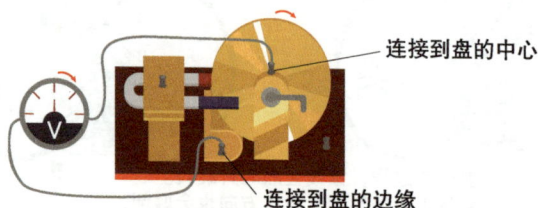

连接到盘的中心

连接到盘的边缘

电磁式发电机（"法拉第圆盘"）

法拉第在发现电磁旋转大约 10 年后的 1831 年 8 月 29 日，发现了电磁感应。

从奥斯特的实验和法拉第自己的电磁旋转实验中，已知电流对其周围产生磁效应。因此，法拉第反过来想，也许磁效应可以诱导电流。也就是说，法拉第想到了"也许能从磁中获取电"。

后来，法拉第成功地通过使用上图中的两个线圈进行实验来产生感应电流。此外，在同年 10 月 17 日，他发现通过磁铁和线圈的相对运动也能产生感应电流。也就是说，正如他所预想的那样，法拉第成功地从磁中获取了电。

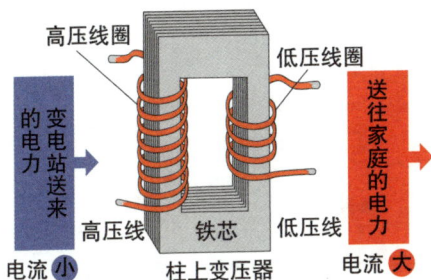

高压线圈　低压线圈

变电站送来的电力

送往家庭的电力

高压线　铁芯　低压线
柱上变压器
电流 小　　　　　　　　电流 大

电磁感应原理的应用：变压器

柱上变压器

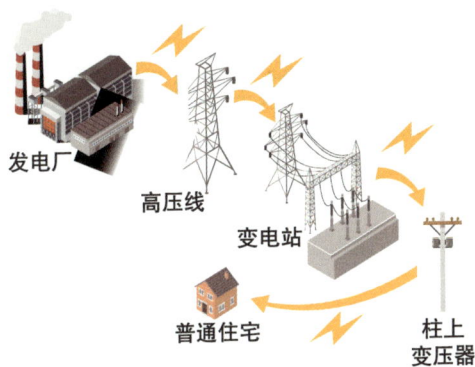

发电厂
高压线
变电站
普通住宅
柱上变压器

发电站到普通住宅的过程

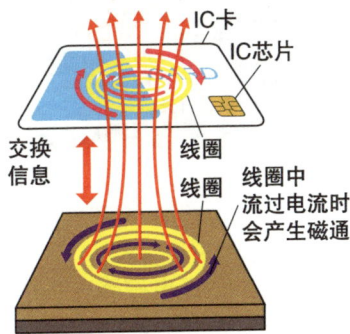

IC卡
IC芯片
交换信息
线圈
线圈
线圈中流过电流时会产生磁通

非接触 IC 卡

　　1832 年，法拉第制作了第一台电磁发电机"法拉第圆盘"。这是一种单极发电机，通过在 U 形磁铁之间旋转铜盘，在线盘的边缘和中心部分产生微弱的电位差。

　　随着时代的发展，发电机与线圈或蒸汽机的结合在不断进化。现在，发电厂使用的发电机在原理上是相同的，即在线圈附近旋转磁铁使之在线圈中产生电流。世界上的发电厂虽然各种各样，归根到底只是使磁铁旋转的能源不同。火力发电和核能发电使用化石燃料或核燃料烧水，利用蒸汽的力量来旋转发电机；水力发电和风力发电分别用水和风的力量来旋转发电机。

火力发电的原理

注：原子能发电与火力发电的基本发电原理相同，只是燃料和排放物不同。

此外，电磁感应的原理也应用于变压器、电磁加热器（IH）、无线充电、非接触 IC 卡等领域。可以说，电磁感应是支撑以电力为核心的现代生活的重要原理。

火力发电和核能发电

让我们去看看为我们提供电力的发电厂吧。发电厂有火力、水力、核能、地热、风力、生物质、太阳能等。火力发电通过燃烧石油、煤炭、天然气等化石燃料来发电；水力发电利用河流和湖泊等水的势能来发电；核能发电使用铀等放射性物质的核能作为能源。

火力发电与核能发电的原理相同，都是通过烧水产生的蒸汽驱动涡轮机来发电。而太阳能发电的原理不同，它直接从光能中产生电力（参见"法拉第的十大功绩"⑦半导体）。水能、地热能、风能、生物质能、太阳能等是在自然界中可以循环再生的能源，称为可再生能源。

再现法拉第的感应
电流实验

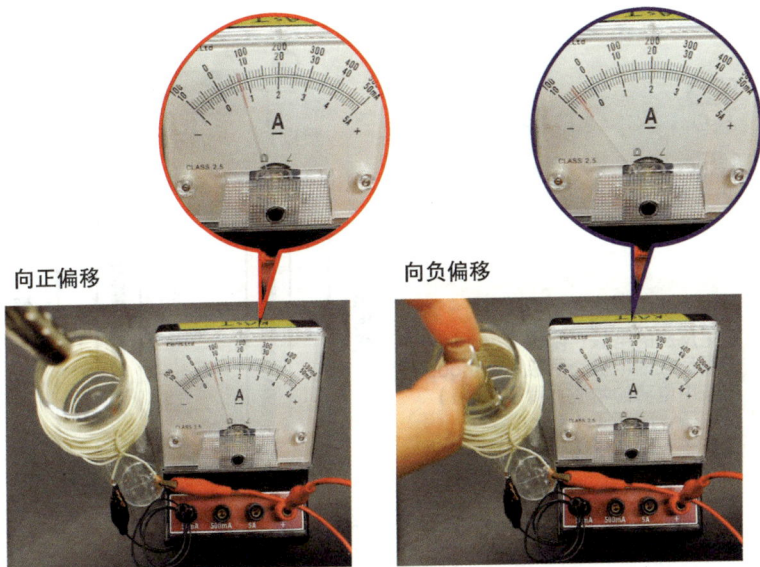

向正偏移   向负偏移

准备材料：塑料筒、线圈用导线、棒状磁铁、带鳄鱼夹的绝缘引线、电流计

让我们通过实验来验证移动线圈中的磁铁是否会产生感应电流。

首先，将导线缠绕在塑料管上数十次以制作线圈。将线圈的两端用导线连接到电流计。在这种状态下，将磁铁放入管中并移动，就会产生电流。仔细观察，只有在将磁铁放入管中或从管中取出磁铁时，才会瞬间产生电流。而且，电流流动的方向在放入磁铁时和取出磁铁时是相反的。

让我们思考一下为什么会这样。

第三节　电化学反应的基础

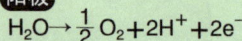

阳极
$$H_2O \rightarrow \frac{1}{2}O_2 + 2H^+ + 2e^-$$
阴极
$$2H^+ + 2e^- \rightarrow H_2$$

电极（electrode）
氧化反应的电极：阳极（anode）
还原反应的电极：阴极（cathode）
溶液中电离的物质：离子（ion）
负离子：阴离子（anion）
正离子：阳离子（cation）

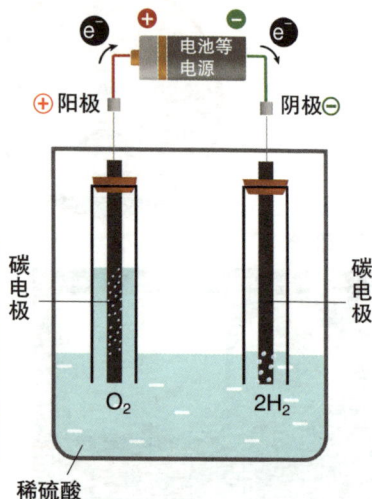

水的电解

法 拉第的导师汉弗莱·戴维在 1806 年和 1807 年通过电解高温离子溶液，发现了钾和钠等 6 种元素。之后，法拉第从 1833 年到 1834 年围绕水的电解展开研究，推导出了以下电化学反应的两个基本定义。

（1）电化学反应中发生化学变化物质的质量与流过的电量和时间的乘积成正比（1833 年 6 月）。

（2）电化学反应中不论什么化合物，其发生反应的物质质量取决于通过的电量和物质本身，对这一规律的描述引入了电化学当量的概念（1834 年 6 月）。

水电解的代表性应用是小苏打（碳酸氢钠）电解制取氯气和氢氧化钠（苛性钠）。

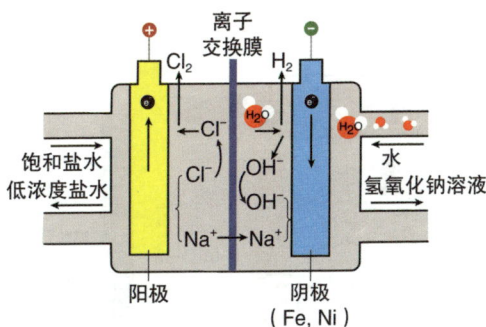

通过电解制备氯气和氢氧化钠

水电解的逆反应发生在燃料电池中。燃料电池有磷酸型、碱性型、固体高分子型等多种类型，其产品有家用、汽车用等不同用途。

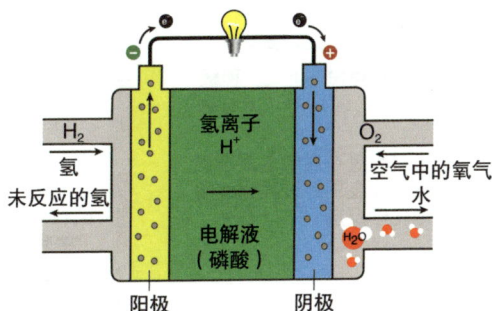

燃料电池的原理

法拉第就参与电化学反应的电极和电解质等物质的名称问题，咨询了当时被誉为博学多才的哲学家兼剑桥大学教授休厄尔，并确定了上述物质的名称。

在电解状态下，我们将阳极称为正极，阴极称为负极。然而，在电池状态下，阳极是负极，阴极是正极，这种表达可能有些令人困惑，但如果从氧化反应和还原反应的角度看，就很容易理解。

电化学反应的基础是水的电解，很多人可能在中学就做过这个实验。

水电解的应用之一是苏打工业。通过电解小苏打水可以制造氢氧化钠、氯气和氢气。

水电解的逆反应是燃料电池。燃料电池分为磷酸型、碱性型、固体高分子型等多种类型，其产品有家用、汽车用等不同用途。

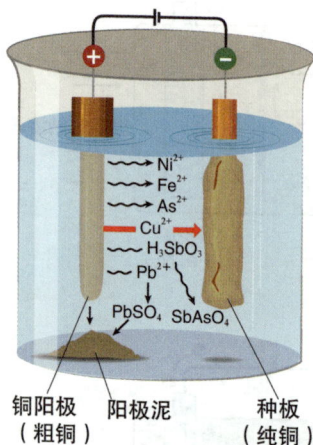

Ni^{2+}
Fe^{2+}
As^{2+}
Cu^{2+}
H_3SbO_3
Pb^{2+}
$PbSO_4$ $SbAsO_4$

铜阳极
（粗铜）　阳极泥　　种板
　　　　　　　　（纯铜）

从含有大量杂质的金属中提取高纯度金属的过程也使用了电化学反应。

铜的电解精制原理

	负极 −	电解质	正极 +	电压
一次电池 不能充电类型				
锰干电池	Zn	$ZnCl_2$ NH_4Cl	MnO_2	1.5 V
碱性干电池	Zn	KOH	MnO_2	1.5 V
氧化银电池	Zn	KOH	AgO	1.65 V
空气锌电池	Zn	KOH	O_2	1.4 V
锂一次电池	Li	$LiClO_4$	MnO_2	3.0 V
二次电池 能充电类型				
镍镉电池	Cd	KOH	NiO(OH)	1.2 V
镍氢电池	氢吸储合金	KOH	NiO(OH)	1.2 V
锂离子电池	CLi_x	$LiPF_6$	$Li_{1-x}CoO_2$	3.7 V
铅蓄电池	Pb	H_2SO_4	PbO_2	2.0 V

代表性电池的构成

　　实用化电池的代表有锰干电池和锂离子电池。锰干电池是一次性电池，完全放电后就不能再次使用。可以充电并多次使用的电池称为二次电池，锂离子电池是其代表。

　　当我们从含有许多杂质的金属中提取高纯度的金属时，也会用到电化学反应。上图显示了高纯度铜的提取方法。

　　电化学是一门能够制造基础材料，并支撑现代社会生活的重要学科。许多产品，如电池、智能手机和家用电器，都使用了电化学技术。此外，基于电化学原理，还衍生出了种类繁多的传感器及其他类型的技术。现代半导体产业的发展，也得益于法拉第开创的电化学研究。

利用电化学的工业过程

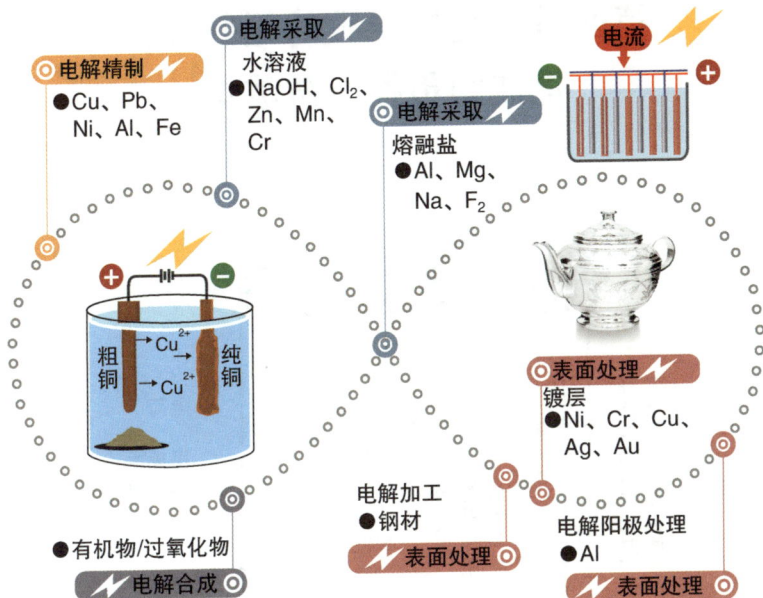

电解精制 ⚡
- Cu、Pb、Ni、Al、Fe

电解采取 ⚡
水溶液
- NaOH、Cl₂、Zn、Mn、Cr

电解采取 ⚡
熔融盐
- Al、Mg、Na、F₂

电流

+　−

粗铜　→Cu²⁺　→Cu²⁺　纯铜

- 有机物/过氧化物
⚡ **电解合成**

电解加工
- 钢材
⚡ **表面处理**

表面处理 ⚡
镀层
- Ni、Cr、Cu、Ag、Au

电解阳极处理
- Al
⚡ **表面处理**

利用电化学的工业过程

涉及电化学的先进技术

传感器
精细化学品的合成
磁带
大规模集成电路
人造器官
液晶
临床检验设备
生物模拟仿真
从海水中提取铀
海水淡化
信息
医用材料
电力储存用电池
燃料电池
水的再利用
太阳电池
光化学电池
锂离子电池
重金属处理
环境监测
能源
环境
电化学

涉及电化学的先进技术

第四节　电场导致的笼效应：
电波的传播与微波炉

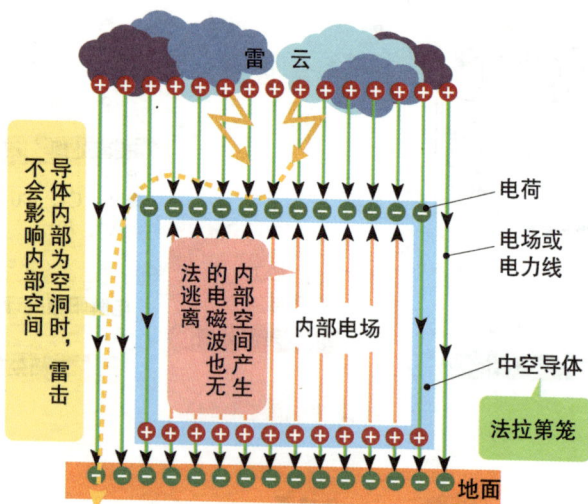

雷云

电荷

电场或
电力线

中空导体

法拉第笼

地面

内部电场

法逃离

内部空间产生的电磁波也无

导体内部为空洞时，不会影响内部空间雷击

法拉第的笼效应

所 谓电场引起的笼效应，正如"电动机的发明"一节中所解释的那样，是存在于带电物体周围的、电力所作用的区域。当导体被放置在这个电场中时，其表面会产生称为"电荷"的"电力来源"。电荷有正电荷（＋）和负电荷（－）。由于这些电荷的存在，导体上会产生新的电场（上图，橙色箭头）。新产生的电场与原始电场完全相反。法拉第发现，带电物体的电荷只存在于其表面，并且这些电荷不影响导体内部的空间。也就是说，如果导体的内部是空的，那么空的内部就不会受到外部电场的影响。这种状态称为"法拉第笼"。

微波炉

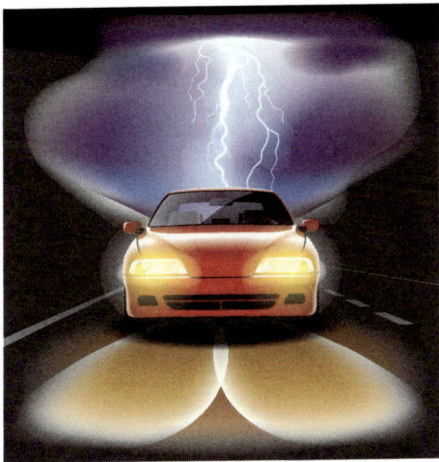
车辆遭雷击

身边的法拉第笼效应

举个例子，以日常生活中用来加热食物的微波炉为例。微波炉内部有一个名为磁控管的装置，它产生一种称为微波的电磁波。这些微波通过高速振动食物中的水分子产生热量，从而加热食物。如果这些微波泄漏到外部并击中人体，微波就会振动人体内的水分并产生热量，那就非常危险。因此，微波炉的外壳都设计成导体箱，结构类似于法拉第笼。

此外，当行驶中的汽车或飞机遭遇雷击时，里面的人安然无恙，也是得益于这一原理。汽车和飞机由导体（金属）制成，因此形成了法拉第笼。还有，电梯里手机信号中断也是法拉第笼效应的结果。请参考"用法拉第笼阻断电磁波的实验"（第 55 页）。

第五节 降温技术：
从氯气液化到杜瓦瓶

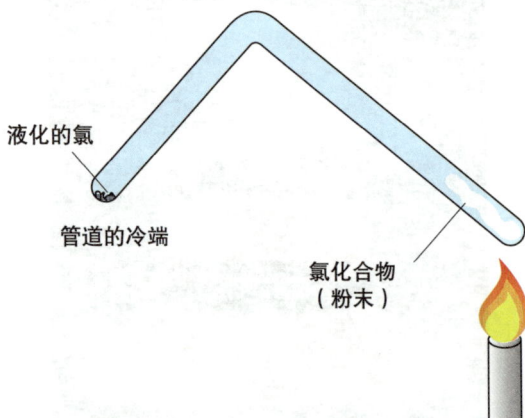

液化的氯

管道的冷端

氯化合物
（粉末）

法拉第成功实现氯的液化实验（1823 年）
注：玻璃管内部处于高压状态。

在 法拉第潜心开展电磁旋转研究（电动机原型）并取得重大成果的同时，他的导师戴维将长期研究的氯化合物实验交给了法拉第。1823 年 3 月，按照戴维的安排，法拉第开始研究氯化合物。

最初，他将固体氯水合物放入玻璃管中，密封并加热。据说，一开始他是用锉刀切割玻璃管，但时常会发生爆炸并受伤。后来，他想出了一个办法，将这个玻璃管弯曲，将固体样品放入一端加热。结果，他发现在冷的另一端的玻璃管底部有油状液体积聚。这意味着氯的液化成功了。这是没有戴维参与的实验结果，法拉第像往常一样整理成论文，交给了回国的戴维。

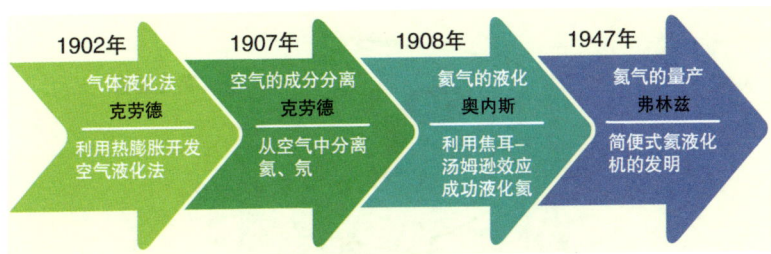

1902年	1907年	1908年	1947年
气体液化法 克劳德	空气的成分分离 克劳德	氦气的液化 奥内斯	氦气的量产 弗林兹
利用热膨胀开发 空气液化法	从空气中分离 氩、氖	利用焦耳–汤姆逊效应 成功液化氦	简便式氦液化 机的发明

低温物理学的发展

真空
（抑制传导、对流和辐射）

银镀的镜面

金属

玻璃

热或冷
的液体

杜瓦瓶的结构

　　后来，当法拉第看到发表出来的论文时，他感到很惊讶。戴维在论文前写了一段长文，声称这个想法是他自己的。当时，戴维是英国皇家学会的主席，而法拉第被推荐为英国皇家学会的候选人。许多法拉第的传记都记载了他们之间是否有过争执。此外，据法拉第自己在1824年的解释性论文中说明，首次成功液化氯是在1805年，由化学家诺斯摩尔完成的。

　　詹姆斯·杜瓦是在法拉第退休后开始担任英国皇家研究所化学教授的。他因成功液化了氧气和氢气而闻名。此外，他还在1892年发明了杜瓦瓶。这是一种由双层镀银玻璃制成、中间抽成真空的容器。杜瓦瓶具有抑制传导、对流以及辐射引起的热传递的效果。目前，杜瓦瓶一般用作液体氮的容器。其实，在我们的日常生活中，经常用到的保温瓶就是利用了杜瓦瓶的原理制造的。

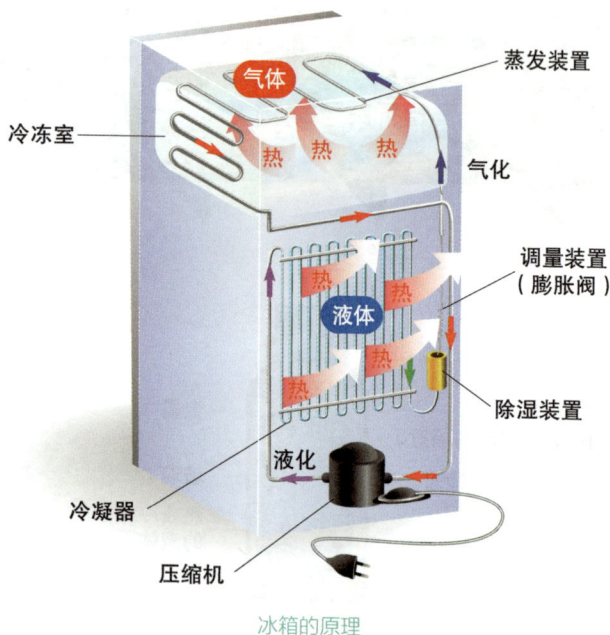

气体

蒸发装置

冷冻室

热 热 热

气化

调量装置
（膨胀阀）

液体

热 热

热 热

除湿装置

液化

冷凝器

压缩机

冰箱的原理

　　法拉第当时研究的气体液化技术已经发展成为现代生活中不可或缺的技术，即"降温技术"。在冰箱和空调的冷却原理中，就利用了酒精蒸发后感到凉爽的现象（吸收热量）。在冰箱中，通过蒸发装置将液体变为气体，从而吸收冷冻室中的热量。然后，气体被压缩机加压，在冰箱背面放热（冷凝热）。通过重复这个热交换循环，达到降低温度的目的。所以说，法拉第最初发明的"气体液化"技术，是一项重要的发明，奠定了相关"降温技术"的基础。

　　现代的冰箱使用的是替代氟利昂（HFC）等可以循环使用的制冷剂。制冷剂需要具有能够在高效热交换的温度范围内工作，并且对环境和人体不产生危害，既环保又安全，目前对这种物质的研究和开发仍在持续进行中。

利用非接触式 IC 卡原理
点亮 LED 的实验

准备智能手机、非接触 IC 卡、LED（可在网上购买）、导线

在智能手机读取 IC 卡的状态下，将连接了导线的 LED 靠近，LED 会发光

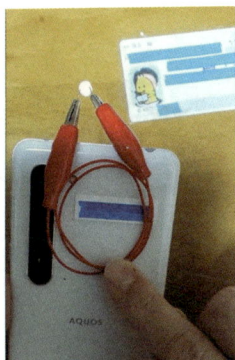

线圈状导线中的感应电流正在流动

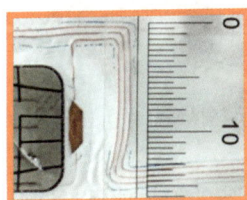

电路被嵌入线圈中

将卡片表面的特殊化学物质去除

带IC芯片的信用卡

　　接下来，我们利用车站检票口的集成电路（IC）卡读取器的原理，试试让发光二极管（LED）发光。

　　将智能手机的屏幕设置为读取 IC 卡画面。用线圈状导线代替 IC 卡，将连接导线的 LED 靠近，LED 就会发光。

　　如果剥去 IC 卡的表面，会发现 IC 卡的芯片连接着许多细细的导线。而且，这些导线还像镶边一样将卡片嵌入在线圈状的线路中。通过这个线圈中流动的感应电流与 IC 卡的芯片进行信息交换。

第六节　苯的发现：
有机化学工业品制造

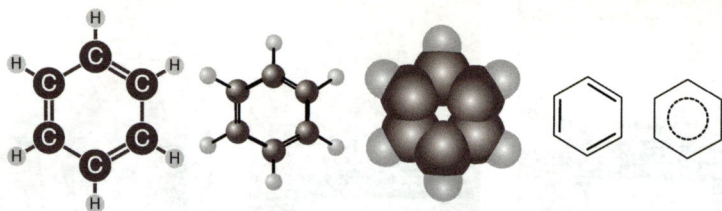

苯（C_6H_6）的结构和简写法

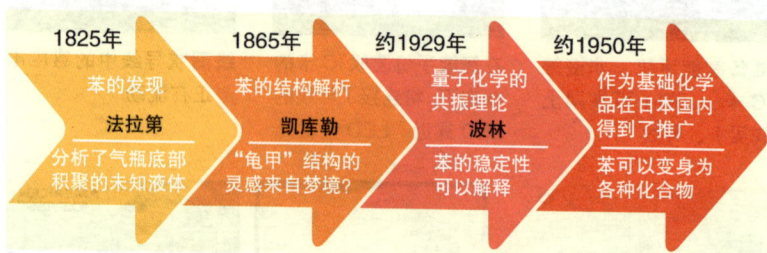

1825年	1865年	约1929年	约1950年
苯的发现	苯的结构解析	量子化学的共振理论	作为基础化学品在日本国内得到了推广
法拉第	**凯库勒**	**波林**	
分析了气瓶底部积聚的未知液体	"龟甲"结构的灵感来自梦境？	苯的稳定性可以解释	苯可以变身为各种化合物

苯的历史

法拉第的哥哥罗伯特参与了伦敦市煤气业务的相关项目。这个项目的主要任务是将从鲸油中获得的气体在 30 个大气压下压缩到钢瓶中，并分配给用户。法拉第从哥哥那里听说，使用后的钢瓶底部总是会留下一些液体。1825 年，34 岁的法拉第应煤气公司官员的邀请，开始研究这种液体的真面目。

　　首先，法拉第通过提高这种液体的温度对它进行分馏，得出了结论：这种液体在 86℃左右就会蒸发，主要由碳和氢组成，碳和氢的比例为 2∶1。然而，当时一般认为碳的重量是氢的 6 倍，因此被命名为二碳化氢（C_2H）。如果把碳的重量定为 12，那么 C_2H 就变成了 CH，这就是现在已知的苯 C_6H_6 的由来。研究从 1825 年 4 月

甲苯
$C_6H_5CH_3$

无色透明液体，溶剂和各种有机化合物的原料，熔点为 $-94.97℃$，具有挥发性

对二甲苯
$C_6H_4(CH_3)_2$

3个异构体（邻、间、对），药品等的原料，熔点为 $13℃$

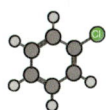

氯苯
C_6H_5Cl

合成中间体氯硝基苯的原料，熔点为 $-45.2℃$

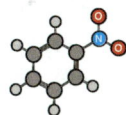

硝基苯
$C_6H_5NO_2$

橡胶、杀虫剂、农药等的原料，熔点为 $5.85℃$

苯甲酸
C_6H_5COOH

防腐剂、染料、药品、香料等的原料，熔点为 $123℃$（于 $100℃$升华）

对苯二甲酸
$C_6H_4(COOH)_2$

聚对苯二甲酸乙二酯（涤纶树脂、涤纶）的原料，升华点为 $300℃$

邻苯二甲酸
$C_6H_4(COOH)_2$

邻苯二甲酸酐合成树脂、染料、药品等的原料，熔点为 $234℃$

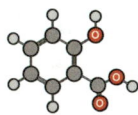

水杨酸
$C_6H(OH)_4COOH$

防腐剂、染料、药品、香料等的原料，熔点为 $159℃$

包含苯结构的化合物

26 日开始，到 5 月 24 日就确定了这种组成成分。由此可见，法拉第的研究进展是多么迅速。

苯具有正六边形的"龟甲"结构，这一结构后来在 1865 年被德国的凯库勒证实。法拉第发现了化学工业中不可或缺的有机化学的基本物质苯，这是令人惊讶的。

苯分子是具有正六边形平面结构的有机物，原子间交替由单键和双键联结。具有这种热力学上稳定的环（芳香环）的碳氢化合物称为芳香烃。苯本身是一种具有独特气味的无色液体，用作有机溶剂，但具有致癌性，因此需要注意。苯是最基本的芳香族化合物，许多化学物质都是由苯合成的。将苯中的一个氢原子替换为甲基

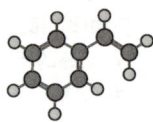

苯乙烯
$C_6H_4CH{=}CH_2$

用于聚合高分子的原料，熔点为30.6℃

苯酚
C_6H_5OH

采用甲基化法由苯合成，塑料、药品、染料等的原料，熔点为40.5℃

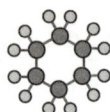

环己烷
C_6H_{12}

由苯氢化制备，尼龙等的原料，沸点为80.74℃

由苯制备的高分子原料

涤纶树脂

洗涤剂

塑料类

润滑油

黏合剂

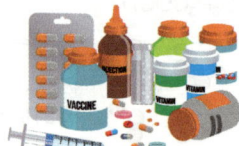

药品

含有苯结构的产品

（CH_3）得到的甲苯（$C_6H_5CH_3$）可用作溶剂，将两个氢原子替换为甲基得到的二甲苯［$C_6H_4(CH_3)_2$］也是一个重要的化合物。

　　将苯与氯或硝酸发生反应，可以制造氯苯和硝基苯，这些卤化和硝化反应也很重要，可以从这些化合物中制造出有用的溶剂。用羟基替换芳香环中的氢原子得到的酚称为甲酚和茴香脑。此外，用羧基（COOH）替换芳香环中的氢原子得到的芳香族羧酸也被用于各行各业。

　　作为塑料原料的苯乙烯、作为树脂和黏合剂原料的酚、用于制造尼龙的环己烷等都是以苯为基础制备的。此外，在橡胶、润滑剂、色素、洗涤剂、药品、炸药、杀虫剂等的生产制造中也使用了苯类物质。我们周围的各种化学产品（有机化合物）都具有苯环结构。

用 10 元硬币 [①] 和 1 元硬币制作电池的实验

在 10 元硬币和 1 元硬币之间夹上浸透食盐水的纸或布，并叠加在一起，尝试制作电池

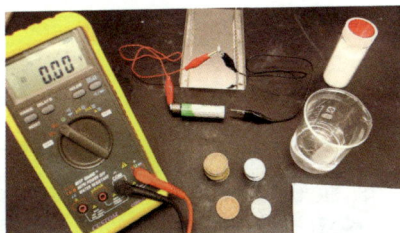

● 用 10 元硬币和 1 元硬币制作电池

● LED 发光了

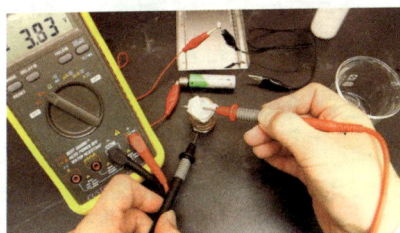

● 可以确认 3.83 伏特的电压

第二章　寻找身边的法拉第

　　通过电解水可以得到氢气和氧气。在实验室里，一般使用金属电极和酸溶液构建一个电路进行电解实验，而电池则是相反的反应过程。实际上，用我们身边的东西随手就可以制作一个简易电池。只需在 10 元硬币和 1 元硬币之间夹上浸有食盐水的纸或布。可以看到硬币上的数字，10 元的硬币为正极，1 元的硬币为负极，它们之间大约就能产生 0.5 伏特的电压。

　　但如果把 10 元硬币和 1 元硬币制作的电池堆叠起来，不仅可以电解水，还可以点亮 LED。法拉第在 20 岁时，曾经用 7 枚半便士硬币、7 枚锌片以及 6 张浸有盐水的纸，堆叠起来制作成电池，并用它电解硫酸镁。

---

① 　本书实验中所使用的硬币均为日元硬币。

第七节　半导体的发现

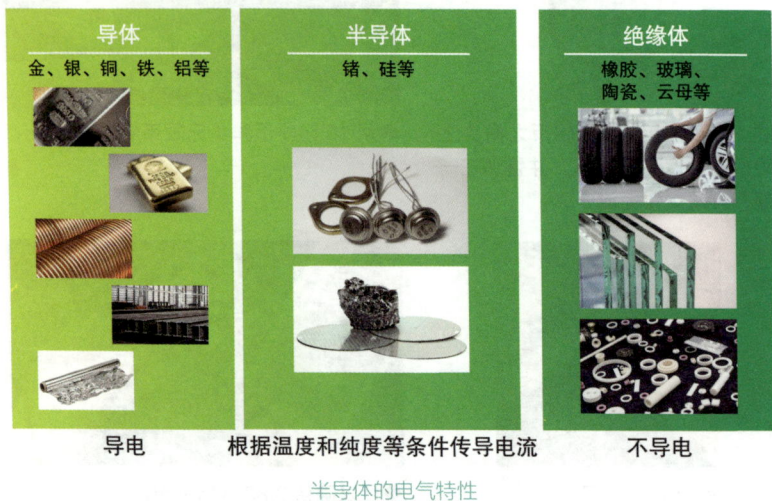

电阻率/（Ω·m）　10^{-8}　10^{-6}　10^{-4}　10^{-2}　$1\ 10^1$　10^3　10^5　10^7　10^9

导体	半导体	绝缘体
金、银、铜、铁、铝等	锗、硅等	橡胶、玻璃、陶瓷、云母等
导电	根据温度和纯度等条件传导电流	不导电

半导体的电气特性

据电力传输的容易程度（电导率），物质可以分为 3 类。铜和铝等容易导电的物质称为导体，而不导电的玻璃、陶瓷、塑料等称为绝缘体（非导体）。而半导体表现出区别于这两种物质的中间性质，在特定条件下表现出导体般的性质。

半导体的电阻率随温度的变化而变化。在低温下，它们几乎不导电；但在高温下，它们的导电性变强。此外，还可以通过混合杂质来控制其电阻率。这些特性在制造计算机方面非常重要。

法拉第研究了各种物质电阻率的温度特性。在这些实验中，他使用硫化银进行了实验，发现随着物质温度的升高，电阻率会降低。这种现象与当时已知的金属，即导体是相反的，这一切都表明，法拉第发现了具有与导体和绝缘体不同特性的物质。

法拉第开创的世界——从铁匠之子到电磁之父的科学传奇

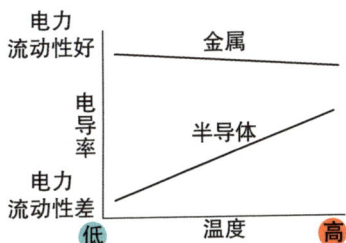

电导率的温度特性

半导体有p型、n型两种

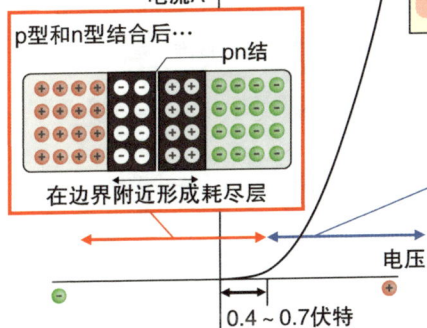

p型和n型结合后…

pn结

在边界附近形成耗尽层

0.4～0.7伏特

pn 结二极管的电流－电压特性

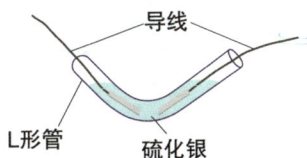

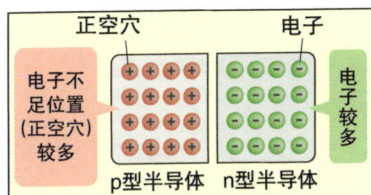

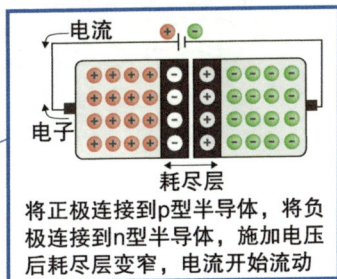

将正极连接到p型半导体，将负极连接到n型半导体，施加电压后耗尽层变窄，电流开始流动

法拉第日志记录了硫化银实验的情况

　　然而，法拉第本人虽然注意到了这一现象，但并没有完全理解为什么会发生这种现象，以及如何利用它。实际上，这种半导体现象在工业上的应用距离法拉第发现它已经过去 100 多年了。

　　直到 1960 年左右，无线电收音机、电视机等电子设备主要使用真空管来放大电流。只能让电流单向流动的作用称为整流作用。通过真空管的整流作用，只需要微小的电流变化就可以控制电压和电流。后来，量子力学的思想逐渐被应用于固体物理学，人们在法拉第发现的半导体材料基础上集中开展了以硅为主要材料的研究。使用能带理论，解释了 n 型半导体和 p 型半导体现象。

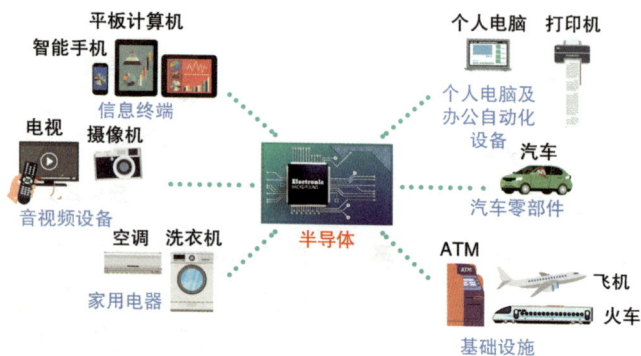

半导体在整个社会中蔓延

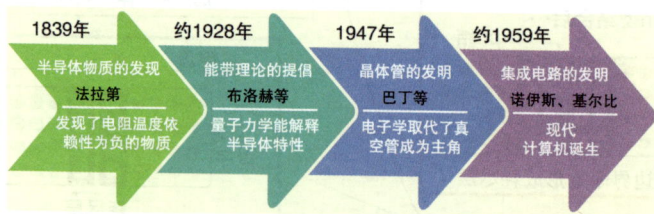

1839年	约1928年	1947年	约1959年
半导体物质的发现	能带理论的提倡	晶体管的发明	集成电路的发明
法拉第	布洛赫等	巴丁等	诺伊斯、基尔比
发现了电阻温度依赖性为负的物质	量子力学能解释半导体特性	电子学取代了真空管成为主角	现代计算机诞生

半导体研究的历史

随着半导体的整流作用和放大特性进一步变得明显，人们发明了晶体管。在硅基板上制造多个电路的集成电路（IC）的概念，始于1958年美国德州仪器公司的基尔比专利。他提出的光刻加工技术，从根本上颠覆了以往材料制造和元件组装的概念。

包含大量廉价晶体管的、可靠性高的集成电路的出现，是实现信息化社会的最重要因素。

随着技术进步，集成电路进一步发展为大规模集成电路、超大规模集成电路，在计算机、电视机、智能手机等电子设备中都使用了各种各样的电子元件。

在信息化社会中，信息和知识被大量且迅速地收集，根据需要进行选择和舍弃，并被传递到需要的人那里。其基本材料就是半导体，这正是法拉第在1839年首次发现的材料。

升高温度时硫化银电阻
下降的实验

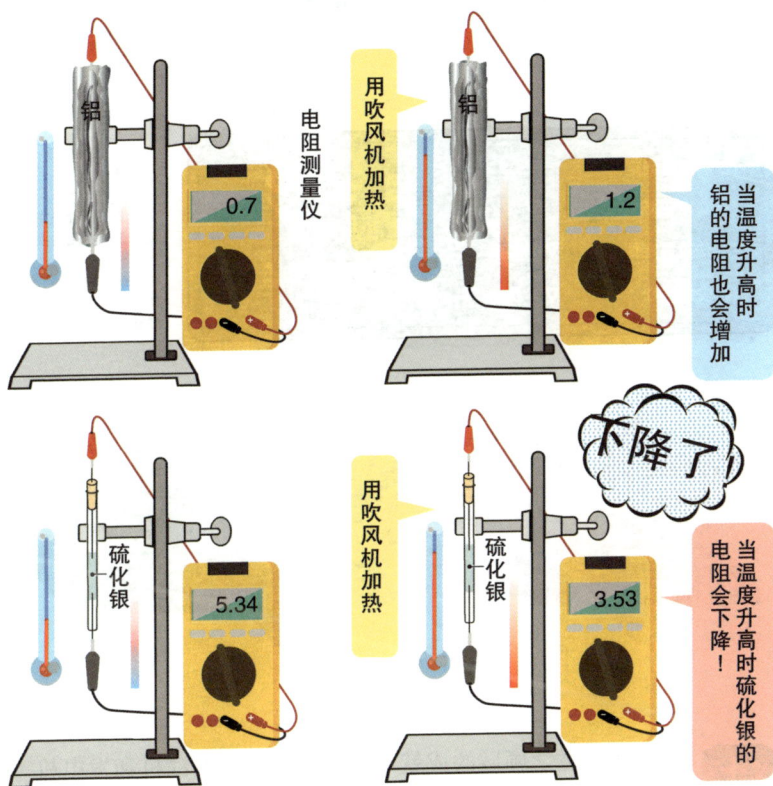

铝

0.7

电阻测量仪

用吹风机加热

铝

1.2

当温度升高时铝的电阻也会增加

硫化银

5.34

用吹风机加热

硫化银

3.53

下降了

当温度升高时硫化银的电阻会下降！

　　将铝作为一种导体，用吹风机等加热时，电阻会上升。而作为一种半导体的硫化银用吹风机以相同的方式加热时，电阻会下降。

　　阅读法拉第在 1833 年左右写的日志，会发现他当时正在研究各种银化合物电阻率的温度特性，只有硫化银表现出了与其他物质不同的特性。

　　努力得到了回报，这一性质的发现在 100 多年后的半导体电子领域发挥了重要作用。

第八节 光通信的开始：
法拉第效应、场的概念、电波

(1) 高斯电场定律	$\nabla \cdot E = \dfrac{\rho}{\varepsilon_0}$
(2) 高斯磁场定律	$\nabla \cdot B = 0$
(3) 法拉第定律	$\nabla \times E = -\dfrac{\partial B}{\partial t}$
(4) 安培定律	$\nabla \times B = \mu_0 j + \varepsilon_0 \mu_0 \dfrac{\partial E}{\partial t}$

詹姆斯·克拉克·麦克斯韦
（1831—1879年）

E：电场
B：磁感应强度
ρ：电荷密度
j：电流密度
ε_0：真空的介电常数
μ_0：真空的磁导率

能够解释所有电磁现象。麦克斯韦在33岁时发表了这一理论。

麦克斯韦方程组

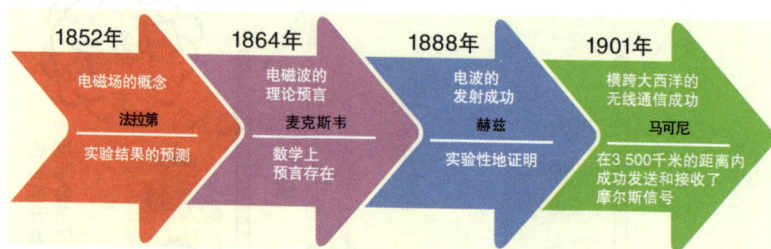

1852年	1864年	1888年	1901年
电磁场的概念	电磁波的理论预言	电波的发射成功	横跨大西洋的无线通信成功
法拉第	麦克斯韦	赫兹	马可尼
实验结果的预测	数学上预言存在	实验性地证明	在3 500千米的距离内成功发送和接收了摩尔斯信号

通信技术的历史

法拉第在电磁学领域的成就不仅推动了现代电动机和发电机等的发明，而且与支撑我们现代生活的通信技术的发明也息息相关。

如"电动机的发明"和"电磁感应发电"中所介绍的，法拉第从电磁感应等电力和磁力的相互作用实验中，提出了场的概念和电力线的概念。法拉第虽然具有独特的实验感，但在数学素养方面有所欠缺，无法用数学来解释自己的理论。

在这种情况下，年轻的物理学家詹姆斯·克拉克·麦克斯韦出现了。他与法拉第的成长形成了鲜明的对比，他出生在富裕的家庭，接受了

法拉第开创的世界——从铁匠之子到电磁之父的科学传奇

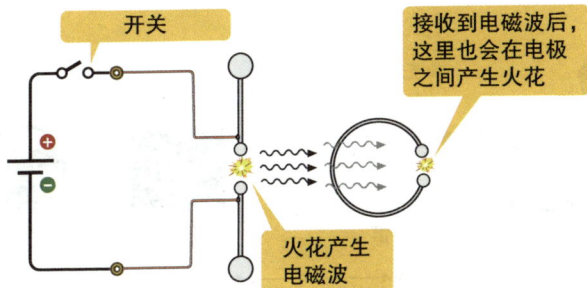

开关

接收到电磁波后，这里也会在电极之间产生火花

火花产生电磁波

赫兹进行的火花放电实验

移动通信系统

1G 第1代

2G 第2代

3G 第3代

4G 第4代

5G 第5代

NEW!

1980年代
模拟方式
语音通话

1990年代
数字方式
邮件、互联网

2000年代
高速化的2G
手机的诞生

2010年代
高速化的3G LTE、
智能手机、
视频播放

2020年代
超高速、低延迟
最新智能手机和
智能家电

通信系统的发展

英才教育。16 岁时,他进入大学,专攻数学和物理学。毕业后,他发表了关于法拉第提出的磁力线的论文,这成了他与法拉第交流的契机。因此,麦克斯韦用数学方法,将法拉第提出的场的概念和电力线的概念等模型化,完成了由 4 个方程式组成的麦克斯韦方程组。这个方程组至今仍是电磁学的基本方程组,几乎可以解释所有的电磁现象。

此外,麦克斯韦还在 1864 年发表的论文《电磁场的动力学理论》中发布了 4 个方程,从数学上预言了电磁波的存在。麦克斯韦预言的电磁波后来被德国物理学家海因里希·赫兹证实。他使用火花放电装置成功检测到了电磁波,并在 1888 年发表的论文中证实了电磁

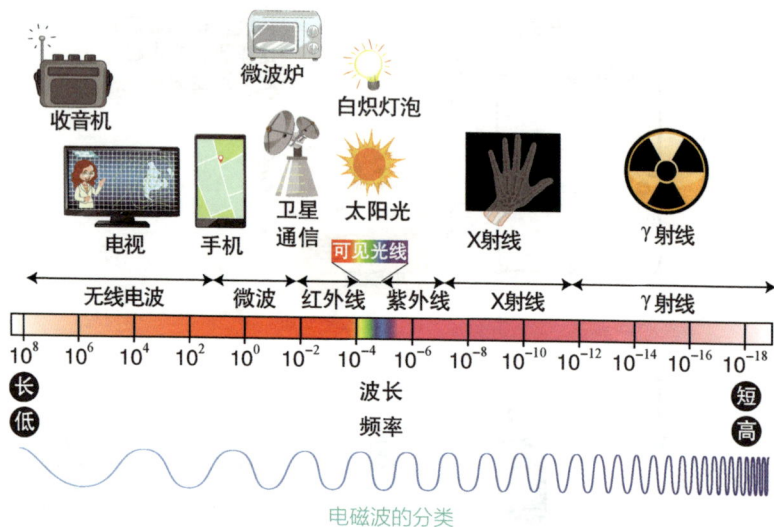

收音机
微波炉
白炽灯泡
电视　手机　卫星通信　太阳光　X射线　γ射线

可见光线

| 无线电波 | 微波 | 红外线 | 紫外线 | X射线 | γ射线 |

10^8　10^6　10^4　10^2　10^0　10^{-2}　10^{-4}　10^{-6}　10^{-8}　10^{-10}　10^{-12}　10^{-14}　10^{-16}　10^{-18}

长
低

波长
频率

短
高

电磁波的分类

波的存在。此外，在这个实验中，赫兹还成功地在几米范围内进行了无线电波的发射和接收。然而，赫兹本人并没有进一步深入研究这个现象，也没有意识到它具有的实用价值，即可以应用于无线通信技术。他去世后，1901年，意大利的古列尔莫·马可尼应用这一原理，成功地进行了跨大西洋的无线电通信。从那时起，开始了无线通信时代。

现在，他们发现的电磁波，已经成为我们生活中不可或缺的一部分。特定波长的电磁波是看不见的。然而，由于这些波可以传播到远处，它们被用于各种通信技术。智能手机中使用的通信技术可能是我们生活中最为常见的。此外，如上图所示的卫星通信、电视、互联网和 WiFi 等，也是从他们的发明中发展而来的。

阳光也是电磁波的一种。人眼可以看到从紫色到红色的光，这种光称为可见光。物质在高温下发光，但根据温度的不同，发出的光的波长也不同。太阳表面的温度约为 6 000℃，发出大量的可见光。

用法拉第笼阻断
电磁波的实验

报时响起

盖子关上后报时听不见了

盖子关上后通信中断了

将智能手机放入金属盒子中，并设置为报时状态，报时声音持续不断，这证明了手机处于不断接收电磁波的状态。

关闭金属罐的盖子后，智能手机被封闭在由导体制成的盒子（法拉第笼）中。里面没有电磁波，所以就听不到手机报时的声音了。

第九节　磁性的发现：
铁磁性、顺磁性、反磁性

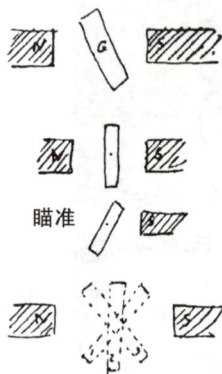

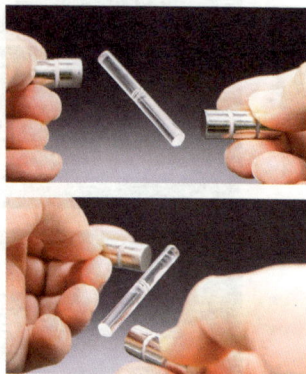

瞄准

重现左图实验（重玻璃旋转）

法拉第日志中关于反磁性体的图（1845 年 11 月 4 日）

具有被磁铁吸引性质的物质称为强磁性体（或简称磁性体），如铁和镍等。在法拉第的时代，除了这些物质之外，例如玻璃和硫黄等不被磁铁吸引的物质被认为是非磁性体。现在已知，所有物质都具有某种磁性，大致分为强磁性体、顺磁性体和反磁性体。

1845 年，法拉第将含有铅的硼酸玻璃（重玻璃，也称水晶玻璃）的小棒悬挂在自己制作的强力 U 形电磁铁下，观察到玻璃棒在垂直于磁力的方向上停止（左图）。法拉第发现，几乎所有被认为不是磁性体的物质都表现出了与重玻璃相同的特性。这就是反磁性的发现。此外，法拉第认为在固体中确认的现象也适用于液体和气体。结果，许多气体被确认为是反磁性的。他还进一步发现，氧气具有显著的顺磁性。在下页的实验中，我们将确认氧气的顺磁性以及水和铋的反磁性特点。

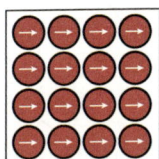

强磁性体	常磁性体	反磁性体
具有与外部磁场同向强磁性，并且即使磁场消失，磁性仍然存在的物质	具有与外部磁场同向弱磁性，并且磁场消失则磁性也消失的物质	具有与外部磁场反向极弱磁性，并且磁场消失则磁性也消失的物质
铁、钴、镍（室温下仅限这三种）	钛、铝、氧气等（均为室温下）	水、金、铋、锑等（均为室温下）

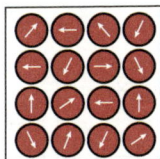

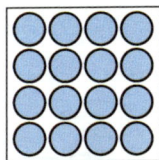

磁场

磁场

磁场

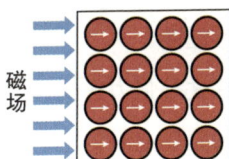

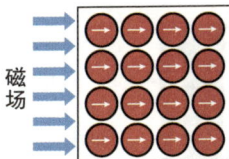

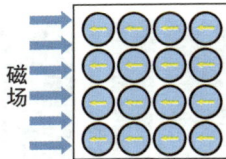

● 自旋方向相同的原子（存在磁偶极子）
● 自旋相互抵消的原子（不存在磁偶极子）

各种磁性体

　　这些磁性研究成果目前已应用于有机化合物的结构分析，如利用原子核附近电子云的反磁性效应的"核磁共振装置（NMR）"，以及利用超导体的反磁性的线性电动机车等。

线性电动机车

让我们来可视化一下

① 用氧气吹泡泡

氧气

② 当强力磁铁靠近时，会慢慢被吸引过去

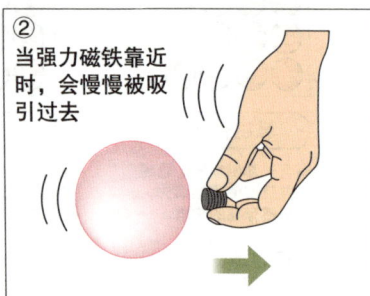

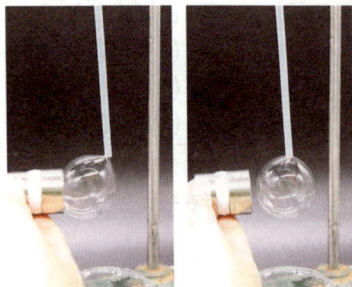

氧气的顺磁性

把含钕磁铁等强力磁铁靠近充满了氧气的肥皂泡时，肥皂泡会被慢慢吸引过来。氧气是顺磁性体，虽然不是像铁那样的强磁性体，但具有被磁铁吸引的特性。

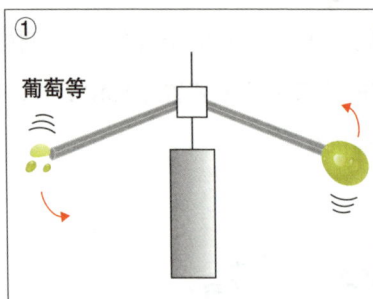

① 葡萄等

② 靠近强力磁铁会产生反应

水的反磁性

准备一些水分含量高的水果（如番茄或葡萄），强力磁铁能让它们像陀螺一样自由活动。当水果靠近含钕磁铁等强力磁铁时，会慢慢产生排斥反应。水是反磁性体，对磁铁有轻微的排斥特性，因此会像图中那样旋转。

顺磁性和反磁性实验

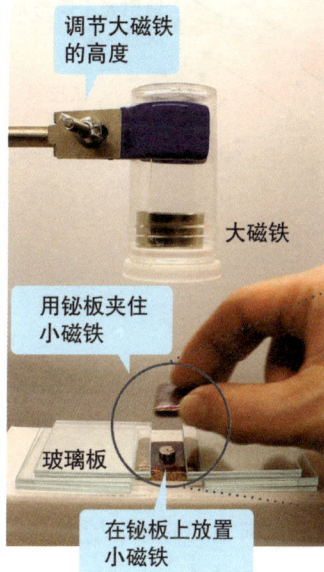

调节大磁铁的高度

大磁铁

用铋板夹住小磁铁

玻璃板

在铋板上放置小磁铁

美丽的结晶就像幻觉！

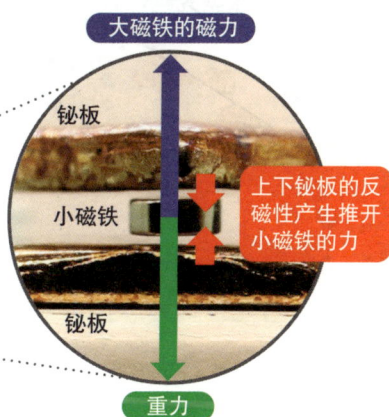

大磁铁的磁力

铋板

小磁铁

上下铋板的反磁性产生推开小磁铁的力

铋板

重力

铋的反磁性

你知道铋这种金属吗？它的结晶体因其表面的氧化膜呈现美丽的彩虹色而闻名。

在铋板上放置一块小磁铁，并在上方固定一个大磁铁。用玻璃板调节高度，使小磁铁夹在铋板之间。调节上方大磁铁的高度，使小磁铁被与重力相同强度的磁力向上拉动，小磁铁就会在空中飘浮。上下铋板由于反磁性作用将小磁铁推开，小磁铁就会飘浮在空中不动了。

第十节　光与磁场的关系

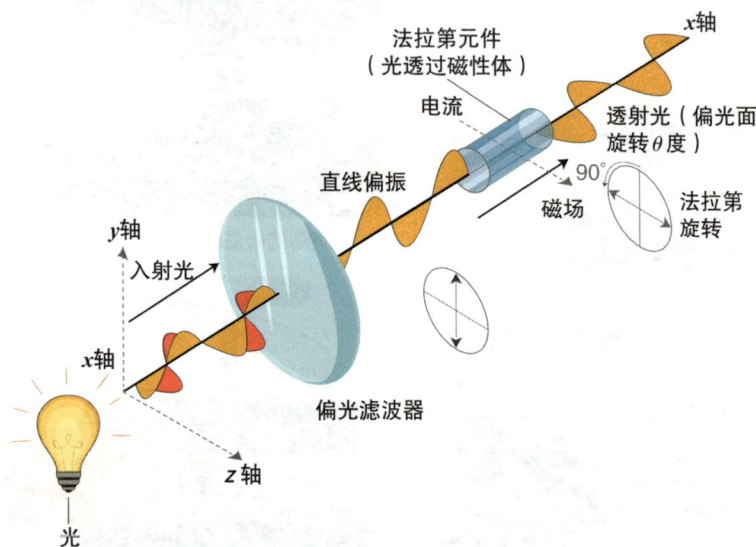

法拉第效应

法
拉
第
开
创
的
世
界
——
从
铁
匠
之
子
到
电
磁
之
父
的
科
学
传
奇

1 845 年法拉第发现，沿着光的传播方向施加的电磁场会使线性偏振光的偏振面旋转，这称为法拉第效应。这是首次实验证明了光和磁力之间存在相关性。

晚年的法拉第着重研究了光与磁场的关系。恰好在这个时候，人们开始关注由本生和基尔霍夫通过光谱分析发现的元素。法拉第也考虑通过这种光谱分析技术，是否能发现与法拉第效应不同的光和磁力之间的关系呢。

法拉第的人生最后的实验也与这项研究有关。他详细记录了实验笔记（著名的"法拉第日志"），因此即使是现在也可以确认其研究内容。法拉第将光源放置在磁场中，并通过磁场使光谱发生变化，然后使用分光器进行验证。可是，结果出乎预料，无法确认磁场的影响。

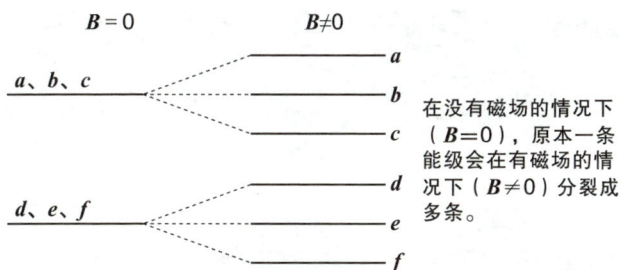

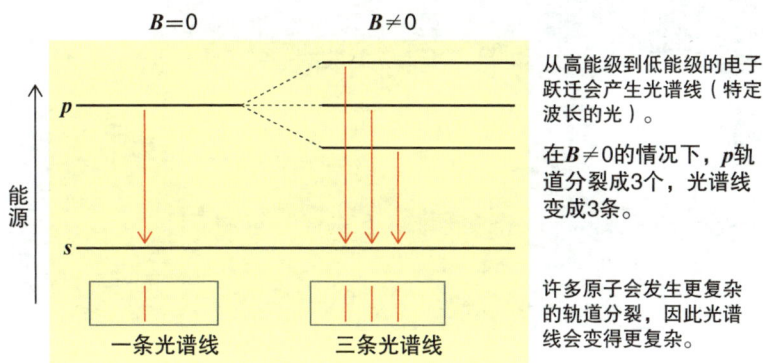

$B=0$　　　　　$B\neq0$

a、b、c

```
────── a
────── b
────── c
```

在没有磁场的情况下（$B=0$），原本一条能级会在有磁场的情况下（$B\neq0$）分裂成多条。

d、e、f

```
────── d
────── e
────── f
```

$B=0$　　　　　$B\neq0$

从高能级到低能级的电子跃迁会产生光谱线（特定波长的光）。

能源

p

在$B\neq0$的情况下，p轨道分裂成3个，光谱线变成3条。

s

许多原子会发生更复杂的轨道分裂，因此光谱线会变得更复杂。

一条光谱线　　　　三条光谱线

塞曼效应

法拉第未能成功进行磁场和光谱的实验，获得成功的是彼得·塞曼。他是在法拉第去世后，读到了麦克斯韦关于法拉第最后实验的描述，认为根据当时的分光技术能够观察到光谱的变化。这已经是法拉第实验35年以后的事了，塞曼在实验中使用的磁场也比法拉第那时候更强。而且，还可以使用高级分光技术观察光谱了。所以，塞曼成功地捕捉到了法拉第预期的光谱变化。因此，塞曼发现了通过施加磁场引起光谱线分裂的现象，即"塞曼效应"。

此外，塞曼还在他的老师洛伦兹的协助下，发现了"光受磁场影响而偏振"，并且从偏振方式中发现"原子中存在振动的带电粒子，以及这种粒子带负电荷"等现象。

第二章　寻找身边的法拉第

61

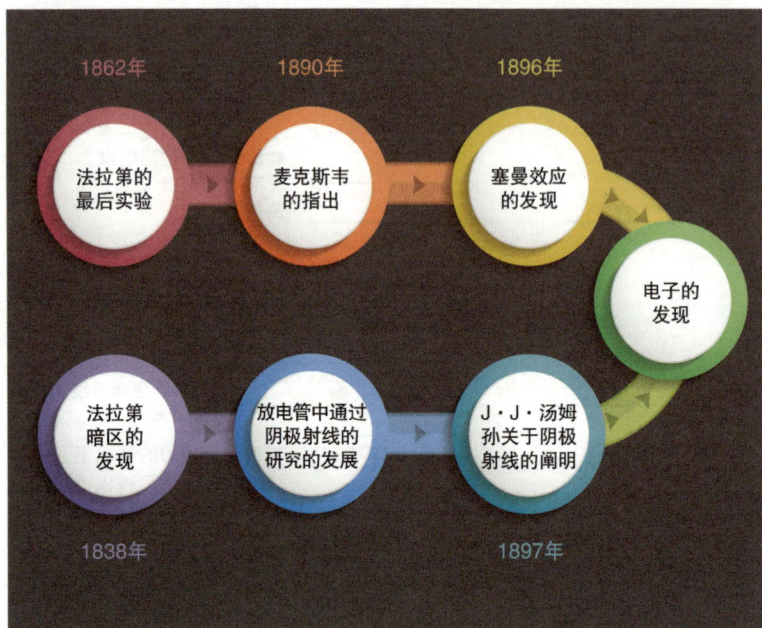

从法拉第的实验到电子的发现

这些成就使塞曼在 1902 年获得了诺贝尔物理学奖。塞曼在 1897 年的论文以及诺贝尔奖获奖感言中提到了 1862 年法拉第关于磁场和光谱实验的研究。

在塞曼发表"塞曼效应"并公布电子的荷质比（电荷与质量的比）时，J·J·汤姆孙等人几乎同时测量出了真空管中观察到的"阴极射线"的构成粒子（即电子）的荷质比，两者几乎完全相同。此外，在阐明阴极射线的过程中，也涉及了法拉第发现的当电子不断失去能量时发出的光会减少，从而产生"法拉第暗区"的现象。

可见，"电子"的发现与法拉第的实验有很大关系。如果没有法拉第的研究，电子的发现可能会延后一些时间，物理和化学领域的发展也许会受到影响。

专栏　用法拉第名字命名的事物以及单位名称

■法拉（Farad，符号：F）

法拉是电容器、蓄电器等静电容量的单位。定义 1 法拉为"在两个导体间产生 1 伏特（V）直流电压时，充电 1 库仑（C）的静电容量"。也就是说，它表示电容器等绝缘的介质能够容纳多少电荷。1861 年，乔西亚·拉蒂默·克拉克和查尔斯·蒂尔斯顿·布莱特提出了"法拉"单位，在 1881 年的国际电气会议上正式决定将"法拉"作为静电容量的单位。

相机的闪光灯中使用了大约几百微法拉的电容器。将电池电压提高到几百伏特后，对电容器进行充电，然后在按下快门的同时释放能量，使灯亮起。

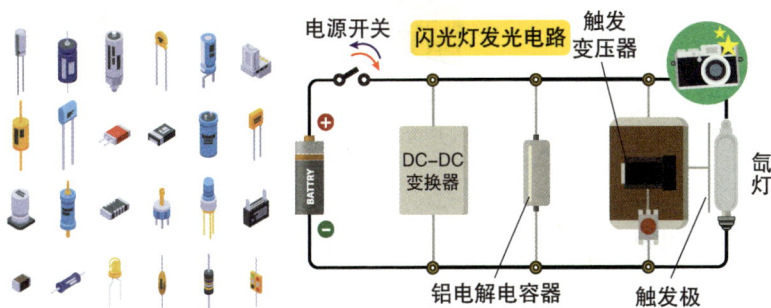

■法拉第（Faraday，符号：Fd）

这是表示电荷的旧单位，定义为 1 摩尔电子所具有的电荷的绝对值。目前已不再使用，已完全被国际单位制（SI）中的库仑（C）取代。

■法拉第常数（Faraday constant）

法拉第常数是表示电子物质的量所对应的电荷的物理常数。它等于电子电荷量和阿伏伽德罗常数的乘积。用符号 F 表示，值为 96 485.332 123 310 018 4 C/mol。在"法拉第电解定律"中，使用法拉第常数来表示电解中物质的变化量和电量之间的关系，用于电化学的化学计量计算。

碳中和的路径之一是实现氢能社会。"通过电解水产生氢气需要多少电力？使用氢的燃料电池能产生多少电力？"等计算非常重要，但所有这些计算都需要法拉第常数。

■法拉第效应（磁光效应）

法拉第效应是当线偏振光通过与磁场平行的物质时，偏振面会发生旋转的现象。这种旋转也称为法拉第旋转。这一现象最初由法拉第在 1845 年发现。利用这种效应的物质和两片偏光板结合，可以制成只允许一个方向的光通过、阻断其他方向光的"光隔离器"，应用于光通信等领域。

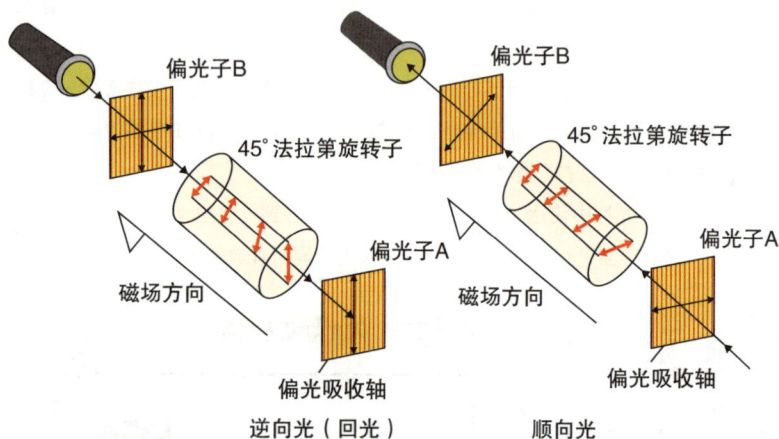

偏光子B   偏光子B

45°法拉第旋转子   45°法拉第旋转子

磁场方向   偏光子A   磁场方向   偏光子A

偏光吸收轴   偏光吸收轴

逆向光（回光）   顺向光

■法拉第笼（Faraday cage）

由导体制成的容器或被导体包围的空间称为法拉第笼。导体包围的空间内部不会受到电场线的侵入，因此外部电场被屏蔽，内部电位全部相等。此外，如果在内部积累电荷，电荷会分布在法拉第笼的表面，并移向法拉第笼的外表面一侧。

在研究静电时，法拉第证明了带电导体上的电荷只存在于其表面，并且这些电荷不影响导体内部的空间。微波炉中的微波不会泄漏到外部，汽车和飞机被雷击时里面的人安然无恙，都是得益于这一原理。

法拉第笼

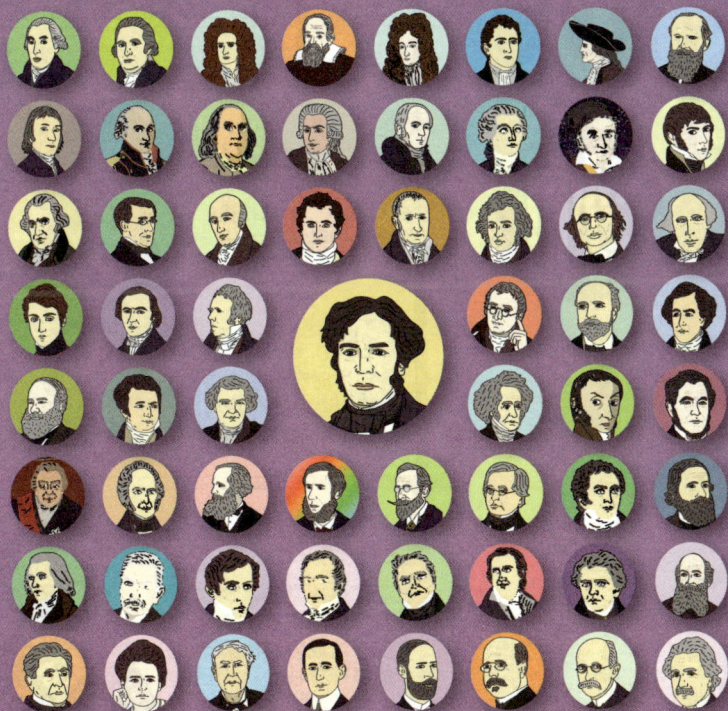

第三章

法拉第及与之相关的科学家

科学家人物关系图

19世纪欧洲

丹麦科学家

埃尔斯特德
进行直接展示电和磁的关系的实验。电磁学由此开始。

影响

意大利科学家

伽伐尼
动物电流的发现者。向伏打寄送论文。

咨询

伏打
发明了第一块电池（伏打电池）。电化学领域的研究由此展开。

影响

影响

法国科学家

安培
在巴黎巡回演出时与法拉第相遇，之后通过信件保持联系。对法拉第产生影响的科学家之一。

通信

杜马
14岁时在巴黎与法拉第相遇，30年后再次在巴黎相遇。

朋友

麦克斯韦
发表了电磁学的基本方程式，预言了电磁波的存在。这成为法拉第晚年的精神支柱。

电磁学将进一步发展

注：红色箭头表示与法拉第有直接的关系。黑色箭头表示与法拉第没有直接的关系。

汤普森
与班克斯合作创立了英国皇家研究所。

班克斯
英国皇家研究所第一任主席。想成为法拉第的弟子，却未能实现。

合作

直接谈判→失败

研究同伴

戴维
法拉第的老师，当时的著名科学家。虽然也有嫉妒法拉第的一面，但是后来留下了"最大的发现是法拉第"的话。

沃拉斯顿
虽然有了电磁旋转的想法，但法拉第先成功地进行了实验并发表了论文，引发了先取权争端。

影响

师徒关系不和？

先取权争端后来和解

休厄尔
电化学术语顾问。

法拉第
英国科学家、实验天才，他的研究成果发展成为许多现代生活中不可或缺的技术。

支持

支持

菲利普斯
法拉第的崇拜者，请求关于厄斯特德实验的报道。

支持

赫歇尔
天文学家，法拉第成为英国皇家研究所会员的推荐人之一。

支持　　朋友　　朋友　　上司

上司

多尔特恩
英国著名化学家，有时候法拉第也会邀请他参加星期五讲座。

丁达尔
英国皇家研究所教授，作为法拉第的优秀继承者，接手了星期五讲座等活动。

惠斯通
在法拉第要求的星期五讲座即将开始时陷入恐慌并溜走。

克鲁克斯
将为期6天的圣诞讲座内容整理成书（《蜡烛的故事》）。

前辈

1600　　　　　　　1650　　　　　　　1700

1665—1667年　**奇迹年**
・万有引力定律　・微积分学
・运动定律　　　・光学

↓1609年　地动说

伽利略

艾萨克・牛顿

钟摆的等时性

罗伯特・玻意耳

↓1662年　玻意耳定律

天动说和地动说

天动说　　　　地动说

 →

恒温

压力p　　　压力2p　　　压力3p

体积V　　　体积$\frac{V}{2}$　　　体积$\frac{V}{3}$

风筝实验

雷

风筝

湿麻线

丝线

金属钩

莱顿瓶

瓦特的蒸汽机

蒸汽

1791年　法拉第诞生

以氢、氧、氮等的发现为中心活跃的科学家们

↓1754年　二氧化碳的发现

约瑟夫·布莱克

↓1772年　氮的发现

丹尼尔·拉瑟福特

↓1766年　氢的发现

亨利·卡文迪什

↓1774年　氧的发现

约瑟夫·普里斯特利

↓1789年　发表质量守恒定律

安托万·拉瓦锡

↓1777年　氧的发现（发布延迟）

卡尔·舍勒

↓1752年　风筝实验

本杰明·富兰克林

夏尔·库朗

詹姆斯·瓦特

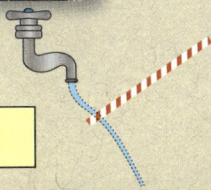

第三章　法拉第及与之相关的科学家

1700　　　　　　1750　　　　　　1800

1791年9月22日　法拉第出生

↓1780年　发现动物电流

路易吉·伽伐尼

青蛙实验

两种金属　神经

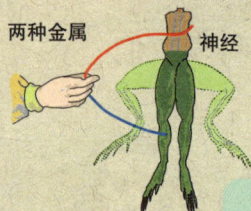

寄送论文

↓1800年
动物电流的
研究得到发展

亚历山德罗·伏打

影响

↓1800年

威廉·尼科尔森

↓1801年

约翰·里特

↓1799年

约瑟夫·班克斯

英国皇家研究所
创始人　　合作

↓1798年

本杰明·汤普森

托马斯·塞贝克

法拉第开创的世界——从铁匠之子到电磁之父的科学传奇

法拉第
活跃期

伏打电池

Zn
NaCl·H₂O
Cu

发明伏打电池

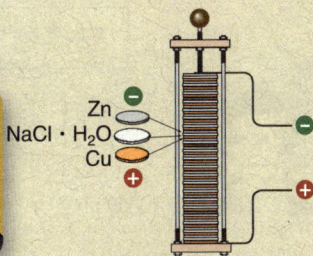

成功进行水的电解
伏打电池问世不久，使用伏打
电池分解水。

水的电解

发现紫外线
在电化学领域，他留下了许多发现，如水的
电解和电镀的研究。

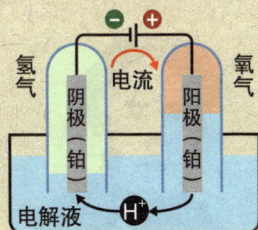

氢气　　　电流　　　氧气

阴极（铂）　　阳极（铂）

与汤普森一起建立英国皇家研究所
为了成为一名研究者，法拉第的第一封信写
给了他，但没成功。

电解液　　H⁺

对热运动理论和能量概念的确立做出贡献
选择了法拉第的导师戴维为英国皇家研究
所的化学教授。

1821年　发现塞贝克效应

第三节　与法拉第同时代直接相关的科学家

1750　　　　　　　　　1800

伏打
电池的诞生对许多研究者产生了影响。

法拉第活跃期

↓1820年

汉斯·厄斯特德 🇩🇰

1820年　发现安培定律↓

安德烈·安培 🇫🇷

1823年　发明了电磁石↓

威廉·斯特吉

电池的改良

约翰·丹尼尔 🇬🇧

乌伊利亚姆·沃拉斯顿 🇬🇧

钯、铑的发现者

1808年　分离镁↓

汉弗莱·戴维 🇬🇧

理查德·伊利普斯 🇬🇧

约翰·道尔顿 🇬🇧

↑1808年　发表了"原子说"

朋友

先取权争议

迈克尔·法拉第

支持

迈克尔·法拉第

威廉·赫歇尔

乌伊利亚姆·休厄尔

🇬🇧 查尔斯·惠斯通

让–巴蒂斯特·杜马

🇬🇧

🇬🇧

英国皇家研究所的教授，是法拉第的优秀继承者。撰写了关于法拉第的书籍。

1821　进行了有关电流和磁铁相互作用的实验
　　　制作了被称为电磁旋转的两个装置
1823　成功液化氯
1825　苯的发现
1831　发现了电磁感应
1833　发现了电解定律
1834　进行了法拉第笼效应实验
1837　致力于静电感应实验
1838　在真空放电中发现了法拉第暗区
1839　发现了物质的半导体性质
1845　发现了反磁性
　　　发现了法拉第效应
1846　光的电磁波理论的启发
1850　发现氧气显著的顺磁性
1862　通过磁场预测光谱的变化

法拉第开创的世界——从铁匠之子到电磁之父的科学传奇

发现当电流流过时导线周围会形成磁场

厄斯特德的装置

电流

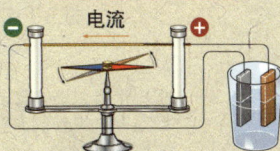

1813年
在巴黎与年轻的法拉第相遇。据说法拉第受安培的研究影响。

1836年　发明了丹尼尔电池（改良了伏打电池）

钠、钾、镁、钙、硼、钡

约1807年
利用伏打电池发现了6种元素。
1813年
聘请法拉第为助手。

「最大的发现是法拉第」

师徒关系

戴维

亲密朋友

上司

提出了诸如阳极、阴极等名称，并展现了造词的才能。

支持

老朋友（在巴黎重逢）

亲密的朋友

发现天王星
发明永久保存的照片

惠斯通桥的发明→准确的电阻测量

在14岁时遇见了法拉第，并成为朋友。之后，在45岁时再次相遇。

醚化反应机制研究

1864年　发表了电磁学的基本方程式，即"麦克斯韦方程组"，预言了电磁波的存在。

姆斯·克拉克·麦克斯韦

翰·丁达尔　发现了丁达尔现象（当时将其解释为天空为何是蓝色的原因）

廉·克鲁克斯

克鲁克斯管的发明者，整理出版了《蜡烛的故事》。

第四节 与法拉第同时代没有直接关系的科学家

1750　　　　　　　　　　　　　　　　1800

法拉第开创的世界——从铁匠之子到电磁之父的科学传奇

首次使用了能量（energy）这个术语并引入了这个概念

提出了查尔斯定律和气体反应定律。蜡烛的原料——硬脂酸的发现者。

与盖–吕萨克共同创办化学物理学报。1820年通过电流使铁磁化，1824年发现旋转磁场，以及电磁感应。

发现的欧姆定律当时并不被认可。该定律得到认可后成为大学教授，那时已60岁了，两年后去世。

1834年，当在不同金属接合部施加电压并通过电流时，发现会产生热的吸收和释放（佩尔捷效应）。这是塞贝克效应的反向效应。

1814年，在精确确定玻璃的光学常数的研究中，发现了太阳光谱线中的明显暗区（弗劳恩霍夫线）。

卡诺循环：热机效率仅取决于高温和低温热源的温差，而不取决于驱动机械的工质。

创建强大的电磁铁，并在1830年独立发现了电磁感应。1832年，在法拉第之前发现了电流的自感应。

发明了碳锌电池、光度计、碘滴定法、镁的分离，以及进行了金属的电解方法等广泛领域的研究；开发了著名的本生燃烧器以及其他实验仪器；进行了火焰反应的分析，并与基尔霍夫共同发现了铯和铷。

托马斯·杨　　提出了光的波动理论

卡尔·高斯

阿佛加德罗

约瑟夫·路易·盖–吕萨克

多米尼克·阿拉戈

奥古斯丁·菲涅尔

格奥尔格·欧姆

让-夏尔·佩尔捷

约瑟夫·弗劳恩霍夫

尼古拉·卡诺

约瑟夫·亨利

74

1850 　　　　　　　　 1900

韦伯

← 师徒关系 →

他在数学方面有着出色的才能，首次发现了最小二乘法这一数据处理方法，并在分析学和复数平面等重要研究领域取得了成就。因此，有许多定律和方法以高斯的名字命名。

有关行星运动的定律

从道尔顿的"原子说"到"分子说"

他提出了一个假设，即在相同温度、压力和体积下，无论气体的种类如何，都包含相同数量的分子。此外，他认为这些粒子不是在原子状态下，而是在两个原子结合形成的"分子"状态下（分子理论）。

以查尔斯定律命名

发现了旋转磁场

合作

证明了光的波动理论。发明了菲涅尔透镜并用于灯塔照明。从约1811年开始，与阿拉戈一起致力于偏振研究。1827年，因结核病去世，享年39岁。

合作

发现了塞贝克效应的反向效应

电流产生的热量与通过的电流以及导体的电阻有关，遵循能量守恒定律。
发现了热力学第一定律。法拉第审阅了他的论文。

1849年首次使用了"热力学"这个词，对这门新学科的体系化做出了重要贡献。特别是，气体在绝热膨胀时冷却的"焦耳–汤姆孙效应"很有名。利用这个原理制造液氮和液氢。

詹姆斯·焦耳 　热力学第一定律的发现

合作

威廉·汤姆孙 　焦耳–汤姆孙效应

发现了电磁感应，就像法拉第一样

罗伯特·本森 　广泛的研究领域，本森燃烧器的创始人

合作

古斯塔夫·基尔霍夫

法拉第活跃期

以1849年提出基尔霍夫定律而闻名。与邦生一起进行光谱分析的研究。设计了使用棱镜的分光仪，并发现了光谱的反转。

第三章　法拉第及与之相关的科学家

1800　　　　　　　　　　　　1850

法拉第
活跃期

法拉第发现的苯，由凯库勒确定其结构。

↓1865年

奥古斯特·凯库勒

麦克斯韦预言的电磁波，赫兹证明了其存在。马可尼推动了通信技术的发展。

1895年

1896年

约翰·克尔

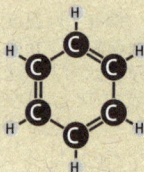

威廉·韦伯　　制作电气和磁力的精密测量仪器

詹姆斯·杜瓦

杜瓦继承了法拉第的气体液化的方法。杜瓦瓶是魔法瓶的原型！最尊敬的科学家是法拉第。

托马斯·爱迪生

马克斯·普朗

提出苯环结构

↓1888年　实验证明了电磁波的存在

海因里希·赫兹 🇩🇪

成功进行无线通信↓　　↓1901年　太平洋横断无线通信成功

格里尔莫·马可尼 🇮🇹

发现泽曼效应↓　　↓1902年　诺贝尔物理学奖

彼得·泽曼 🇳🇱

↓1875年　发现克尔电光效应
↑1876年　发现克尔磁光效应

磁场对光谱的变化是法拉第在1862年预测的。泽曼也提到了这一点，并进行了演讲。

🇩🇪

↓1878年　成功液化氧气
🇬🇧　↑1892年　发明了杜瓦瓶
　　↑1895年　液化氢气取得成功
↓1889年　提出能量守恒定律

瓦尔特·内尔恩斯特　　↑1920年　获得诺贝尔化学奖

↓1879年　开发实用白炽灯
↑1877年　发明了留声机，1891年发明了放映机 🇺🇸

↓1900年　提出量子假说

🇩🇪　量子理论诞生

↓1898年　发现钋和镭

玛丽·居里　　↑1903年　获得诺贝尔物理学奖
　　　　　　↑1911年　获得诺贝尔奖化学奖
↓1905年　26岁

阿尔伯特·爱因斯坦　发表了《狭义相对论》《布朗运动理论》《光电效应理论》三篇论文　🇺🇸

专栏　法拉第的足迹2

■法拉第纪念馆

伦敦的法拉第纪念馆展示了法拉第的实验仪器、信件、肖像等。此外，法拉第曾举办的圣诞讲座传统仍在延续。

■德国的法拉第街

以法拉第的名字命名的街道遍布英国各地。不仅在英国，在法国、德国、加拿大、美国等地也有。

■南极的法拉第基地

曾经在南极有以法拉第命名的观测基地。1947 年由英国建立，1996 年起由乌克兰接管观测工作。现在称为伯纳茨基基地，用于气象、地磁、地震和冰雪等的观测和研究。

■曾经的 20 英镑纸币

1991 年至 2001 年，该纸币曾在英国流通。

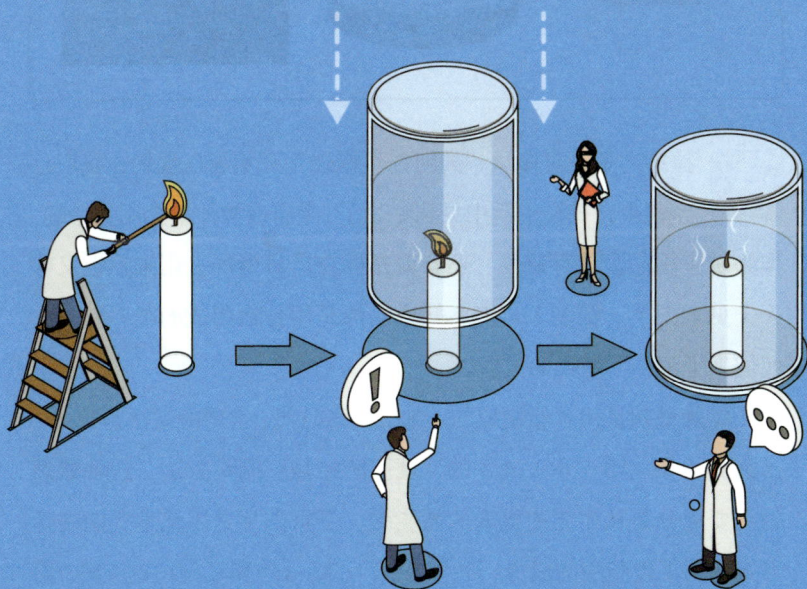

第四章

《蜡烛的故事》中的实验再现

第一节　蜡烛为什么会燃烧?

知识点　火焰：作为燃料的物质；火焰的结构、流动性、亮度

问题1　← 蜡烛的原料是什么?

① 油脂

② 水

③ 塑料

应急用

法 拉第的圣诞讲座从"如何制作蜡烛"开始。在现代，我们已经很少在日常生活中见到蜡烛了。寺庙或神社里会用到蜡烛，作为防灾用品会储存蜡烛，还有就是插在生日蛋糕上用来点燃又吹灭（见上图）。很多人可能不知道蜡烛是用什么制成的吧？首先，我们来了解一下蜡烛的原料。

蜡烛最初是用牛脂制成的。在法拉第时代，常用的做法是由盖 – 吕萨克（参见第三章）确立的"硬脂酸蜡烛"制作方法。这种蜡烛的主要成分是从牛脂中提取的硬脂酸。下页图片是用化学式的表达方式说明了硬脂酸的成分，即由碳（C）、氢（H）和氧（O）这三种"原子"（构成物质的小粒子）以图中所示的方式连接，就形成了硬脂酸这种物质。

法拉第开创的世界——从铁匠之子到电磁之父的科学传奇

分子式	$C_{18}H_{36}O_2$
示性式	$C_{17}H_{35}COOH$
	$CH_3(CH_2)_{16}COOH$

碳氢链　　　　　　　　羧基

结构式	

分子模型（球棒）	

硬脂酸（蜡烛的成分）

　　在这里，碳（C）和氢（H）形成的长链状的"长链烃"部分非常重要。由于这部分的存在，硬脂酸具有不易溶于水和点燃后燃烧的"油脂"特性。即使现在，也将它用作蜡烛的原料。因此，正确答案是①"油脂"。

　　另外，虽然选项②和③是错误的，但实际上它们与蜡烛有着密切的联系。当蜡烛燃烧时，硬脂酸中的氢（H）和氧（O）结合形成"水（H_2O）"。也就是说，蜡烛中隐藏着"水"的原料。而且，将类似硬脂酸这样具有"烃链"的物质聚集并连接起来，就形成了塑料。根据连接的物质种类和数量的不同，可以制造出具有各种不同特性的塑料。

蒸汽蜡

液态蜡

形成"碗"的形状，熔化的液态蜡积聚并对流

固态蜡

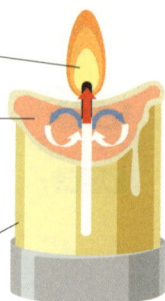

蜡烛的燃烧原理

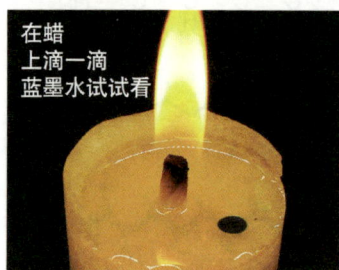

在蜡上滴一滴蓝墨水试试看

蜡的对流

　　点燃蜡烛，观察燃烧过程。当蜡烛燃烧时，在蜡烛芯周围形成"烛泪"，宛如一只碗形的蜡烛泳池。熔化的蜡（从固体变为液体的"油脂"）积聚在这个"蜡烛泳池"中。将墨水倒入这个蜡烛泳池中，墨水会游过池面被吸向蜡烛芯部（见上图）。墨水的一部分从蜡烛芯部分离，到达烛泪的边缘，再次被吸入蜡烛芯部。这种运动称为"对流"。

　　众所周知，蜡烛芯可以通过"毛细作用"吸取液态的蜡。法拉第为了解释"毛细作用"进行了一个实验，观察食盐堆如何吸收带有颜色的食盐水。在这里，我们把绳子、餐巾纸做的捻子和塑料吸管，一起浸泡在带有颜色的油里，以此验证"毛细作用"（见下页图片）。乍一想似乎吸管最容易吸油，但实际上吸管里几乎没有油进入。相

毛细作用

反，绳子和捻子都以相同的速度吸油了。由于绳子和捻子有许多"小间隙"，油进入这些间隙，因而被吸收。当油上升到一定高度并被点燃时，就能像蜡烛一样燃烧。

　　那么，被吸入蜡烛芯的液态蜡会发生什么呢？当它靠近火焰时，就像水煮沸变成蒸汽一样，液态蜡也变成了气体。这种气态蜡经过燃烧，形成蜡烛的火焰。法拉第为了确认这一点，进行了如下图所示的实验。仔细观察熄灭蜡烛的火焰，气态蜡从熄灭的烛芯上升起。迅速将火焰靠近它，上升的气态蜡被火焰迅速传递，火再次点燃。这样，蜡烛的原料"蜡"从固体变为液体，进一步变为气体，燃烧形成蜡烛的火焰，这是第一天演讲的要点。法拉第还顺便解释了形成火焰的上升气流等，以此结束了第1天的演讲。

小心翼翼
轻轻吹灭

升腾
气体的蜡
引火了！

蒸汽引火

第二节　蜡烛为什么会发光?

知识点　发光：需要空气；水的生成

> **问题2** 👈 蜡烛燃烧后会去哪里?
>
> ① 完全消失在这个世界中
> ② 转变为看不见的另一种物质
> ③ 转变为看不见的能量

蜡 烛燃烧后，看起来干净利落，似乎什么也没留下。这是相当不可思议的。那么，蜡烛去哪里了呢?

在第 2 天的演讲中，法拉第讲述了在蜡烛的火焰中究竟发生了什么，以及结果如何。那么，让我们看看那次演讲吧。

首先，法拉第将弯曲的玻璃管插入蜡烛火焰的中心部分，如下页图片所示。然后，看见有白色的"烟气"进入玻璃管内部。将这种白色"烟气"导入瓶中，它还会不断地积聚在瓶底。这是在第 1 天演讲的最后介绍过的，"蜡蒸气"冷却后变回液体或固体，并形成细小颗粒的物质。法拉第称其为"蒸汽"，将其与"气体"加以区别。当时，"气体"被称为"永久气体"，人们认为它不会变成"液体"。

燃烧的白色烟雾

氯气在当时被认为是"永久气体"。然而，当法拉第在研究中成功地将氯气液化后（参见第二章），发现任何气体都可以变成液体，所以现在"永久气体"一词已经不存在了。无论如何，这种白色的"烟气"是由蜡烛随着温度的变化而产生的。由于这种烟气比空气重，所以积聚在瓶子的底部。如果将它靠近火，它就会猛烈燃烧。

接下来，法拉第拿了一根比刚才实验中更短的玻璃管，并将它插入蜡烛火焰的中心，点燃从中冒出的"烟气"，证明它像蜡烛火焰一样可以燃烧。

抽出"蜡蒸气"

此外，法拉第还将一张纸水平地插入火焰中，展示了圆形的烧焦痕迹，从而表明火焰的外围温度比中心的温度更高。通过这些实验，可以认为火焰中发生了两种化学反应。即在火焰的中心发生了蜡蒸气化学反应，而在火焰的外围，则是由火焰中心发生的蒸气燃烧反应。

另外，如下图所示，如果将燃烧的蜡烛放入瓶中，火焰最终会熄灭。尽管空气并未耗尽，但火焰无法继续燃烧。这是因为燃烧需要"新鲜空气"。看起来，好像是蜡烛燃烧产生的（或消失的）"看不见的东西"改变了空气，使蜡烛的火焰熄灭。

蜡烛燃烧需要"新鲜空气"

接下来，法拉第又做了一个实验。他将玻璃管插入火焰中心偏上方的部分。这次，如下图所示，出现了不是白色而是纯黑色的"烟雾"。即使将它靠近另一个蜡烛的火焰，它也不会像白色"烟气"时那样燃烧。不仅如此，靠近它的蜡烛火焰甚至还熄灭了。这种纯黑色的"烟雾"实际上是以"碳"为主的小颗粒。蜡烛的原料"硬脂酸"由"碳"、"氧"和"氢"三种原子组成。其中之一就是碳。

漆黑的"烟雾"

蜡烛火焰之所以明亮辉煌，是因为这些"碳颗粒"在高温下发光。或许参加过露营的人能更理解这一现象，露营时烧过木炭的人可能就很容易想象那幅场景，如图所示。被火焰加热至高温时的木炭，通红发光，慢慢地燃烧着。

木炭，顾名思义，是通过蒸汽烘烤木材（与硬脂酸一样，主要由碳、氧和氢组成）形成碳块的产物。

法拉第认为，蜡烛火焰中不仅有蜡蒸气，还有由其变化形成的烟雾固体颗粒也以"燃烧"的形态表现出来。严格来说，两者还是有区别的。"燃烧"和"发光"是两种不同的现象。那么，"燃烧"到底是什么呢？"燃烧"是指高温物质与氧气结合，同时发出光和热，变成另一种物质的过程。如果空气中没有足够的"氧气"，物质就不会燃烧。法拉第所说的"新鲜空气"是指"富含氧气的空气"。关于氧气，将在第4天的演讲中详细讲解。

接下来，在第2天的演讲中，法拉第进行了一个实验，将铂金细线插入火焰中，铂金线闪亮发光，他将其描述为"燃烧"。但是，当铂金细线从火焰中取出后，它恢复到原来的银色，没有损失，也没有变成其他物质。这是怎么回事？

事实上，所有物质即使不燃烧，也会根据其温度变化发出相应

非接触体温计

类型和强度的光（称为"黑体辐射"。参见第三章中基尔霍夫和普朗克的解释）。我们的身体也会发出一种看不见的光——红外线。体温越高，发出的红外线就越强。为了防止感染输入或扩散，有的建筑物入口处安装的热像仪或非接触式体温计，就是通过测量人体发出的红外线强度来计算体温的，如图所示。蜡烛的火焰在最高点的温度约为 1 400℃。在这个温度下，物体不仅会发出看不见的红外线，还会发出大量可见光。这就是蜡烛光的真相。在法拉第时代，黑体辐射现象才刚刚被发现（1859 年，基尔霍夫），其理论在法拉第去世后才完成（1900 年，普朗克），所以法拉第将"燃烧"和"发光"视为同一现象也是可以理解的。

现在，我们终于可以看到最初问题的正确答案了。如果"燃烧"是"与氧气结合并变成另一种物质"，那么选项②"变成看不见的另一种物质"可以认为是正确答案。法拉第用玻璃管和玻璃瓶覆盖火焰，演示了玻璃表面变白的实验，结束了第 2 天的演讲。

除了烟之外,其他物质在高温下也会发光吗?

◆ 自动铅笔芯会燃烧吗？

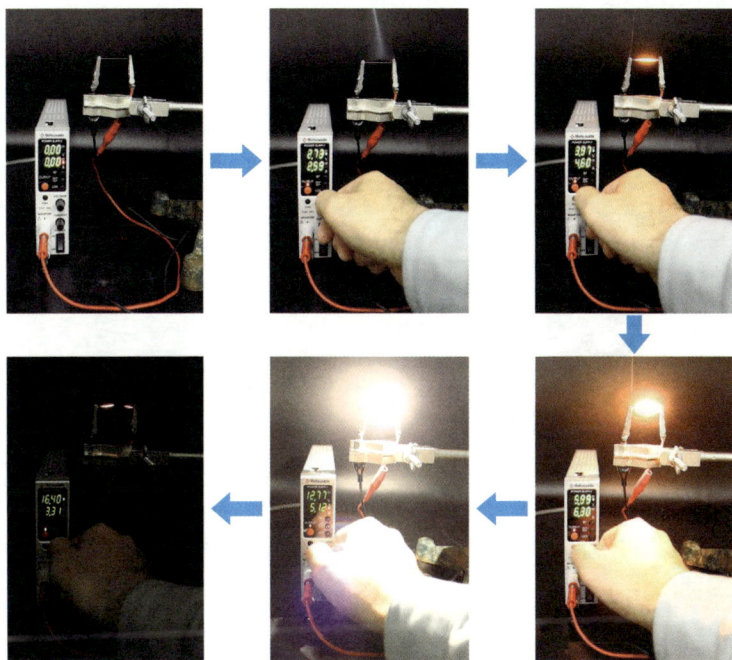

　　自动铅笔芯（与烟雾相同的碳材）通电后，由于焦耳热作用而变成高温体，并像蜡烛火焰一样闪亮发光。

　　在空气中，它与氧气反应而燃烧殆尽，但如果在抽空空气的玻璃球中进行实验，它可以长时间发光。这是爱迪生在 1879 年发明的白炽灯的原理。早期的白炽灯使用了日本石清水八幡宫附近的竹子，主要是将这些竹子切成细条并用蒸汽烘烤后使用。石清水八幡宫现在还立有爱迪生纪念碑。

第三节　燃烧后产生的是水

知识点　燃烧产物：水的性质、化合物、氢气

> **问题3** ➤ 虽然下列选项中都有"水"这个字，但与"真正的水"最相关的物质是哪个？
>
> ① 水银
>
> ② 氢气（日语称为"水素"）
>
> ③ 水晶
>
>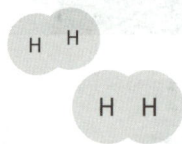

在 第 2 天演讲结束时，法拉第展示了用玻璃瓶覆盖火焰，玻璃表面变白的实验，演示了"水的形成"过程。水是人类生存不可或缺的物质。从古希腊时代到 18 世纪左右，水被认为是元素之一，是许多物质的起源。即使在今天，也有许多包含"水"这个词的物质，但实际上这其中的很多物质与实际的水无关。

问题 3 的答案将在法拉第的演讲中变得清晰。首先，法拉第演示了如下页图片所示的实验。将装有冰和盐的容器放在蜡烛火焰上烤，可以看见容器底部形成了水滴。

为了确认这是水，法拉第进行了一个实验，让金属钾与之接触并燃烧起来。但这是一个危险的实验，有时会导致爆炸，所以我们将使用更安全的方法来确认水的存在。

我们使用了放在点心袋里用作干燥剂的"硅胶"（见下图）。原本的硅胶颗粒是无色透明的，但有时也会混入含有蓝色颗粒的硅胶。当硅胶吸收了湿气时，这些蓝色颗粒就会变成粉红色。这些蓝色颗粒含有氯化钴。氯化钴在干燥状态下是蓝色的，但当它接触到水时会变成粉红色。人们通常用氯化钴的颜色来判断硅胶是否仍然可以作为干燥剂。顺便说一句，变成粉红色的硅胶，如果充分干燥，可以恢复到原来的蓝色，并可以再次使用。

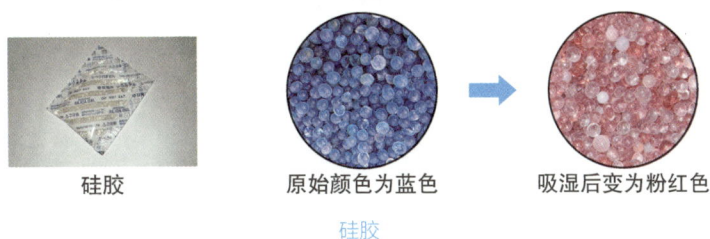

硅胶　　　　　　原始颜色为蓝色　　　　　吸湿后变为粉红色

硅胶

也就是说，使用这种含有氯化钴的蓝色硅胶，我们可以确认蜡烛燃烧产生的物质是不是水。为了更清楚地演示这一点，我们只收集含有氯化钴的蓝色硅胶颗粒，并将之前容器底部形成的水滴放在上面（见下图）。

冰和盐　　　举起蜡烛的火焰　　　　　　　　　　水滴

变成粉红色　　　在硅胶上滴水滴

检查蜡烛燃烧后产生的物质

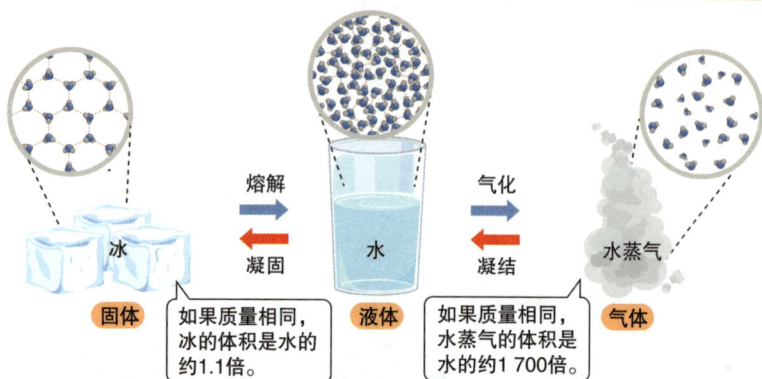

熔解 → ← 凝固

气化 → ← 凝结

冰　水　水蒸气

固体　　液体　　气体

如果质量相同，冰的体积是水的约1.1倍。

如果质量相同，水蒸气的体积是水的约1 700倍。

水的状态变化

冷却水蒸气会变成水。水和水蒸气的体积比为1∶1 700。容器内会形成真空。

冷却水蒸气实验

　　结果，只有滴了水滴的地方，硅胶的颜色从蓝色变成了粉红色。这证实了确实形成了水。

　　如果我们用酒精灯或油灯代替蜡烛进行相同的实验，仍然可以形成水滴。从燃烧的火焰中产生水，真是不可思议，俗话说"水火不容"。那么，这些水到底是从哪儿来的呢？

　　法拉第解释了水的性质，提到水可以在冰、水和水蒸气之间变化的状态。当液态水冻结成冰时体积会变大；水沸腾变成水蒸气时体积会变得更大。将水蒸气冷却，容器内会形成真空。

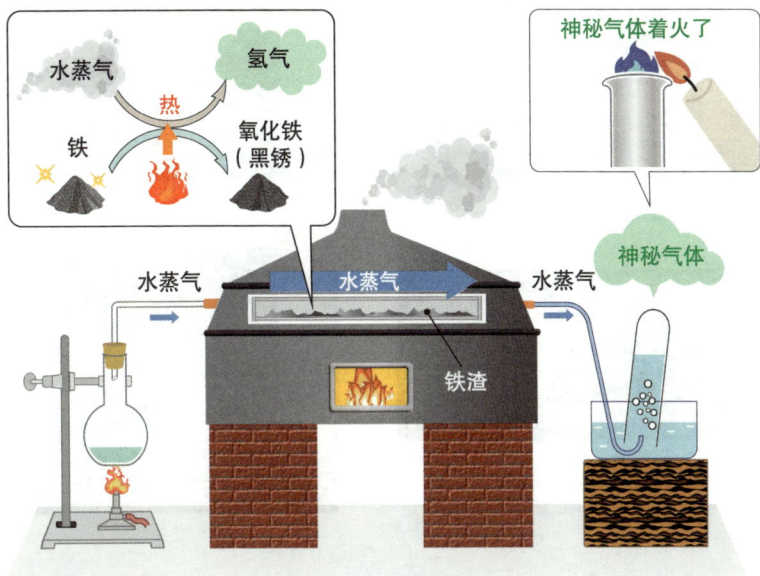

水蒸气

氢气

热

铁

氧化铁
（黑锈）

神秘气体着火了

水蒸气

水蒸气

水蒸气

铁渣

神秘气体

法拉第的烧炉实验

　　接下来，法拉第将水煮沸产生水蒸气，并让水蒸气通过装有铁屑的铁管，如图所示。加热铁管后，水与铁发生反应并分解成其他物质。那么，这种物质是什么呢？这种物质是一种非常轻的气体，可以在倒置的瓶中收集起来。将火靠近这个瓶子，气体会燃烧并产生火焰。这种气体的真实组分是氢气。

　　氢气在现代被视为替代石油的能源，以及不产生二氧化碳的清洁燃料。在石油和蜡烛等含碳物质燃烧（与氧气结合）时，会产生二氧化碳。然而，当氢气燃烧时产生的不是二氧化碳，而是水。日语中氢气称为"水素"，字面之意即"水的元素"。也就是说，水中含有氢原子，通过像这样的实验分解水，可以提取氢气。

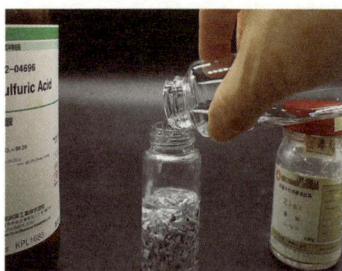
锌和硫酸反应制备氢气

危险！

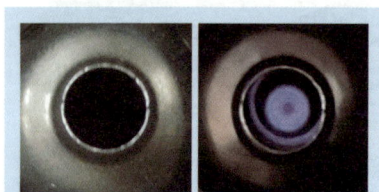
气相色谱仪中安全燃烧的氢气，
左边是点火前，右边是点火后。

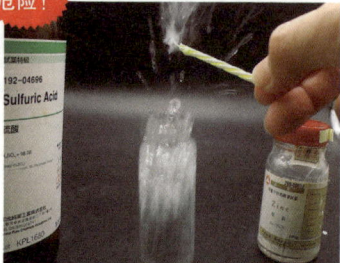
失败，发生爆炸！

贤者之灯

　　法拉第演示了将硫酸注入装有锌的瓶中也可以产生氢气的实验。这也是在学校实验中经常用于制备氢气的方法。法拉第解释说"锌表面的氧化膜被酸去除后，锌与水发生反应产生氢气"，但实际上是溶液中的氢离子被还原成氢气。而且，使用从氢气火焰中获得的水滴，也可以进行之前演示过的钾燃烧实验和硅胶颜色变化实验，从而证实氢气燃烧产生水。无论以何种方式产生的氢气，燃烧后都同样会产生水。之所以可以从蜡烛火焰中获得水，是因为蜡烛成分中包含的氢原子燃烧形成了水。

　　然后，法拉第还演示了一个名为"贤者之灯"的实验。将锌和硫酸一起放进瓶中，盖上带管的盖子，点燃从管子中逸出的氢气，会产生微弱的火焰。但是，与之前钾燃烧实验一样，不推荐在家中使用硫酸和氢气进行实验。上面的照片显示了实验失败并爆炸的情景。玻璃管猛烈飞出，酸液溢出，非常危险。

亨利·卡文迪什

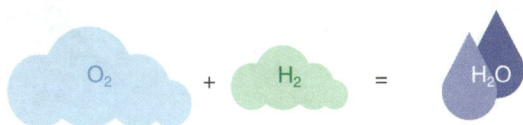

因此，问题 3 的答案是选项②"氢气"，是氢气燃烧生成了水。错误的选项①"水银"是一种常温下流动的液态金属，而选项③"水晶"是一种像冰一样无色透明的石头（古代人相信水晶是水的化石）。顺便说一下，"水银"和"水晶"都是与法拉第有关的物质。水银用于电动机实验，水晶用作产生法拉第效应的材料（分别参见第二章）。

法拉第在第 3 天演讲结束时，使用伏打电池产生电火花，并预告了第 4 天的演讲内容。

🧪 实验②

操控水的状态，制造雪花结晶

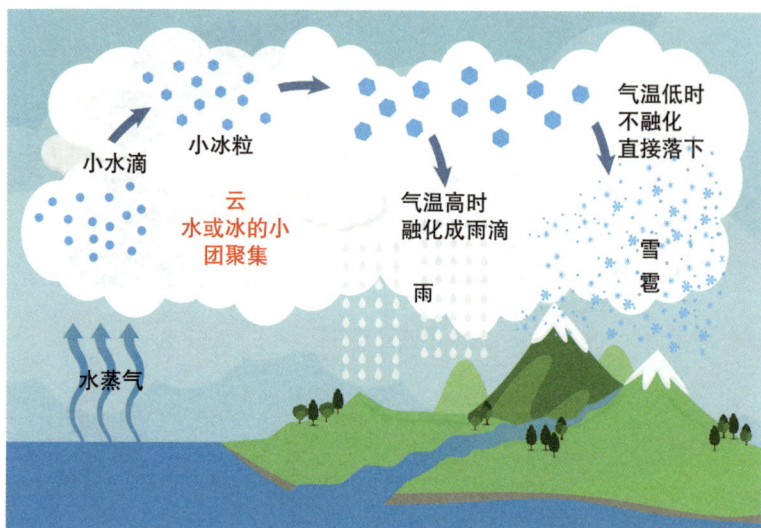

气温低时
不融化
直接落下

小冰粒

小水滴

云
水或冰的小
团聚集

气温高时
融化成雨滴

雪
霰

雨

水蒸气

雨或雪的形成机制

当蜡烛燃烧时就会产生水。水会根据温度变化发生固体、液体或气体的状态变化。下雨或下雪，也是水发生了这种形态变化。

我们可以通过人为地引起这种状态变化进行人工造"雪"。中谷宇吉郎博士于1936年首次在世界上制造出了人工雪。根据其原理，我们重现了人工雪的生成装置，并尝试人工造雪。

在玻璃圆筒的下部安装一台电加热器，在上部放入一个装满冰和盐的冷却箱。当给玻璃筒下部的水（液体）加热产生水蒸气（气体）时，水蒸气在上升过程中通过冷却箱冷却，就形成冰晶（固体）。随着这些冰晶的生长，就可以制造出人工雪。

中谷宇吉郎博士通过改变各种条件反复进行实验，发现筒内的温度和水蒸气量决定了雪花结晶的形状（见中谷图）。

法拉第开创的世界——从铁匠之子到电磁之父的科学传奇

加热器
（液体 → 气体）

在玻璃筒的底部安装
了电热器，加热水使
其变成水蒸气

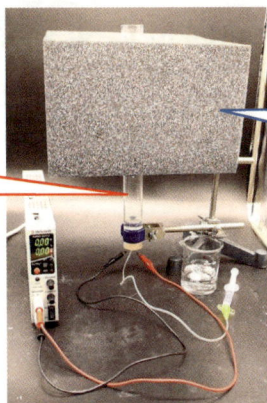

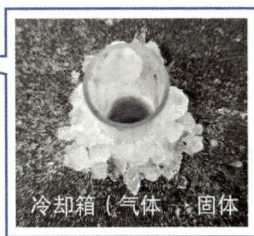

冷却箱（气体 → 固体）

水蒸气被冷却箱冷却，
然后形成了冰的颗粒
（雪花）

人工雪生长装置的再现

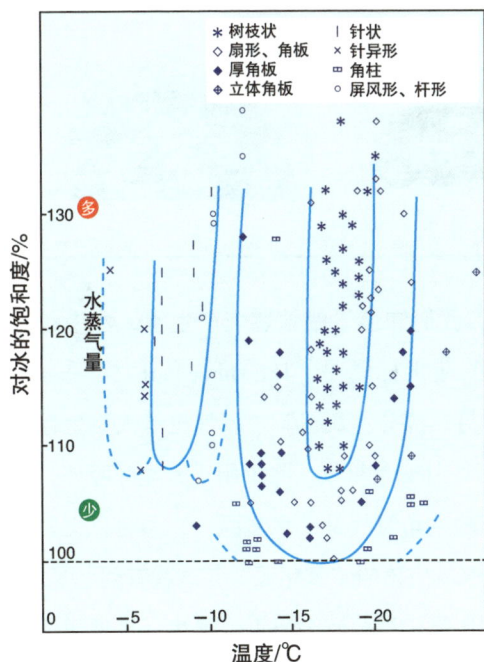

中谷图

雪花

　　基于这一实验结果，通过观察飘落的雪花形状，可以了解形成雪的高空大气情况，为天气预报等提供帮助。中谷宇吉郎博士将此描述为"雪是从天空寄来的信"。

第四节　也可以生成氢气

知识点　形成水的两个元素：氢气和氧气

问题 4☞　以下哪个与"氧气"没有直接关系？

① 食物在胃酸中消化

② 不使用汽油的燃料电池汽车正在行驶

③ 地球上空形成臭氧层，保护我们免受紫外线伤害

臭氧层

在前 3 天的演讲中，我们知道了蜡烛燃烧产生水，水中包含氢原子。第 4 天的演讲标题是"The Other Part of Water —— Oxygen"，直译为"水的另一部分：氧气"。氧气也是人类生存不可或缺的物质。地球空气中 21% 是氧气，除了用于人类呼吸外，还会引起许多反应。第 3 天的主角氢气是"水之源"，顾名思义氢气燃烧会产生水。那么，氧气就应该叫"氧化源"，这就有问题了。

第 4 天的实验，首先用强硝酸溶解金属铜。很快，接近问题选项①的实验出现了（顺便说一下，胃酸中包含的酸比硝酸弱，是盐酸。铜不会在盐酸中溶解）。

二氧化氮

泡

铜粉

$$Cu + 4HNO_3 \rightarrow Cu(NO_3)_2 + 2H_2O + 2NO_2$$

Cu + 4HNO₃ → Cu(NO₃)₂ + 2H₂O + 2NO₂
铜   硝酸   硝酸铜   水   二氧化氮

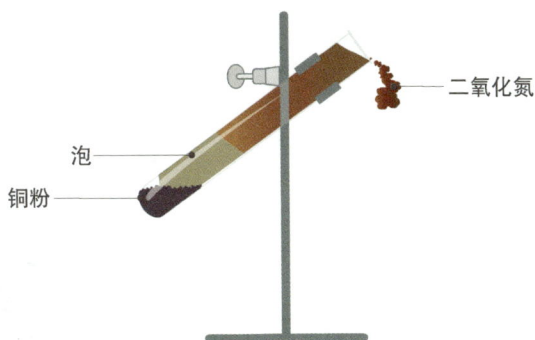

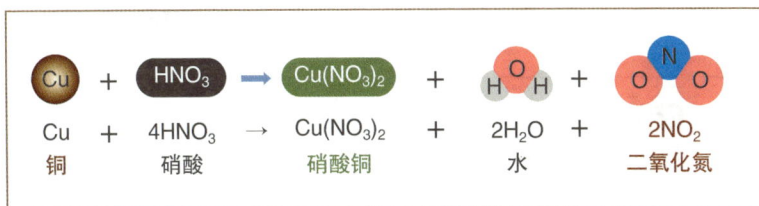

用硝酸溶解铜的实验

那么，这个反应是否涉及氧气呢？仔细观察，反应会发现大量棕色烟雾状物质。法拉第称其为"干净的红色蒸汽"，但实际上并不是那么干净，而是非常有毒的气体"二氧化氮"。过了一会儿，棕色烟雾消失，铜完全溶解，形成了美丽的蓝绿色液体。化学反应式如上所示。

"铜"和"硝酸"反应生成"硝酸铜""水"和"二氧化氮"。这里没有出现"氧气（O₂）"[二氧化氮中的"O₂"和氮（N）结合在一起，与氧气（O₂）完全不同]。选项①似乎是"不直接涉及氧气的反应是哪一个？"这个问题的正确答案。让我们再深入看一下法拉第的演讲。

法拉第在第3天演讲结束时介绍了伏打电池，并用它进行实验（见下页图片）。

第四章 《蜡烛的故事》中的实验再现

99

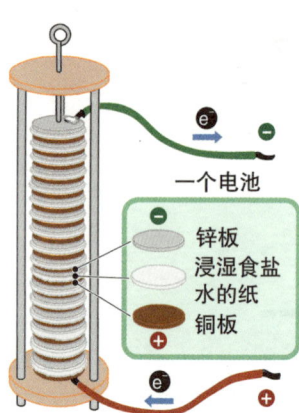

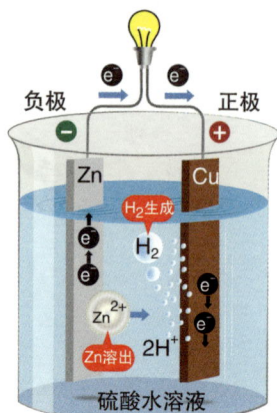

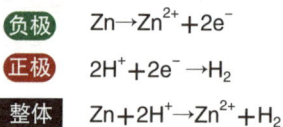

负极	$Zn \rightarrow Zn^{2+} + 2e^-$
正极	$2H^+ + 2e^- \rightarrow H_2$
整体	$Zn + 2H^+ \rightarrow Zn^{2+} + H_2$ ※也会发生其他反应

伏打电池的原理

电池在法拉第时代还是一项尚未发明多久的新技术（参见第三章）。金属中充满了许多称为"电子（e）"的"电的元素"。如果使其巧妙地朝一个方向流动，就会产生电流（顺便说一下，伏打和法拉第时代还没有发现"电子"）。伏打电池通过结合两种容易给出电子的金属，将容易给出电子的金属［图中是锌（Zn）］移动到难以给出电子的金属［图中是铜（Cu）］，从而产生电流。只要理解了这个原理，就可以像第二章解释的那样简单地制作电池。

目前使用的干电池和太阳能电池也是基于同样的原理，将两种物质结合起来，通过传输电子产生电能，下页图片演示了锰干电池的原理。容易给出电子的金属与伏打电池中的锌（Zn）相同，但难以给出电子的金属是锰（Mn）。

亚历山德罗·伏打

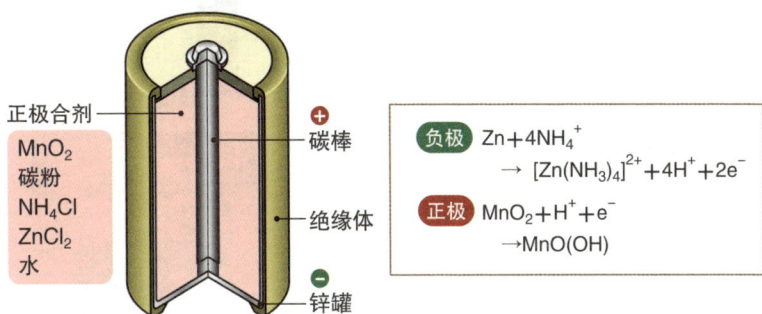

正极合剂
MnO₂
碳粉
NH₄Cl
ZnCl₂
水

+ 碳棒

绝缘体

- 锌罐

负极 $Zn+4NH_4^+$
$\rightarrow [Zn(NH_3)_4]^{2+}+4H^++2e^-$

正极 $MnO_2+H^++e^-$
$\rightarrow MnO(OH)$

锰干电池的原理

与伏打电池不同，锰干电池中的液体（水）被封闭在金属容器中，使用时通常不会有液体泄漏，因此称为"干电池"。这种电池的结构是由日本技术专家屋井先藏于1887年发明的。

电子也是连接金属原子之间的重要"部件"，所以失去电子的锌原子会一个一个地分散开，以失去电子的状态散布在电解质溶液中。这种失去电子并分散的原子称为"离子"。"离子"这个词来自希腊语，意思是"离去"或"移动"，由法拉第命名。如果这种反应继续进行，电池的负极（"–"极）金属会逐渐溃烂变形，最终变得难以失去电子，直到反应停止。这就是"电池耗尽"现象的真相。

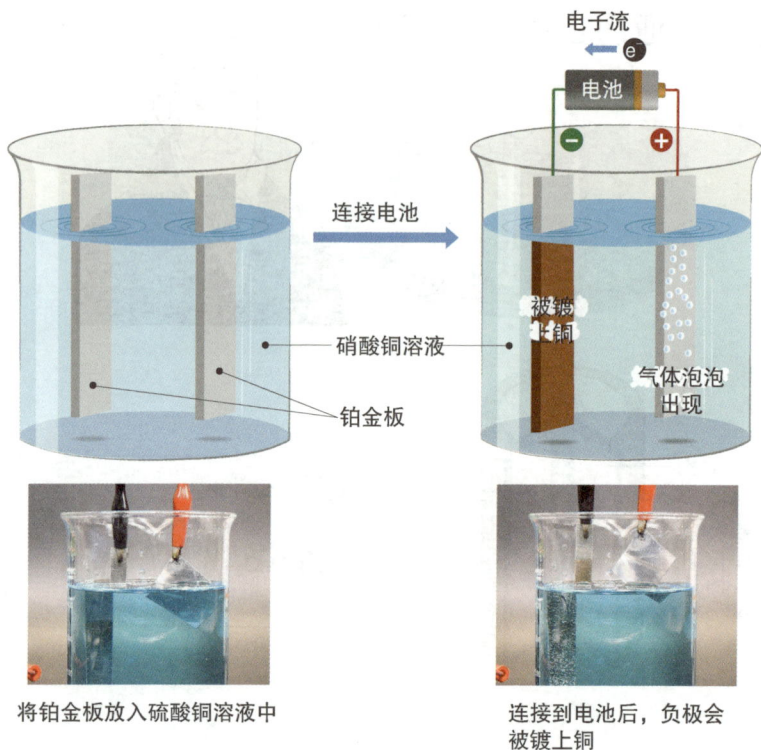

电子流

电池

连接电池

硝酸铜溶液

铂金板

被镀上铜

气体泡泡出现

将铂金板放入硫酸铜溶液中

连接到电池后，负极会被镀上铜

法拉第铜镀实验

现在，让我们回顾一下第 4 天最初演示的硝酸中的铜溶解实验。铜逐渐破碎，最后完全消失了。实际上，这个实验中的铜也像电池中的负极金属一样，被夺走电子变成了离子。在这里，如果我们将电子还给变成了离子的铜，会发生什么呢？法拉第也回答了这样的疑问。在铜溶解的溶液中放入两块铂金板，分别连接电池的正负极，接通电流后，连接负极的铂金板上金属铜再次出现，如图所示。成为离子的铜接收了来自电池的电子，原子通过电子连接回到了金属铜。法拉第通过许多这样精确和详细的实验，总结了与电化学法则相关的研究（参见第二章）。

法拉第开创的世界——从铁匠之子到电磁之父的科学传奇

法拉第利用这个原理，在演讲的间隙演示了一个写字的把戏。将含有金属离子的溶液（醋酸锌或硝酸银的水溶液）浸湿在纸上，用连接电池的金属棒在纸上移动，金属就会按照那个形状出现。法拉第以开玩笑的语气称之为"电报"。确实，从使用电来传递信息的角度来看，它类似于电报，但更类似于现代的触摸屏和智能手机等的操作。顺便说一下，智能手机等的触摸操作是利用静电，当手指触摸时，屏幕上流动微弱的电流，从而识别出触摸的位置。

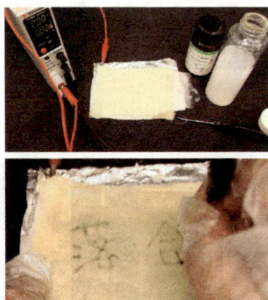

在纸上浸泡含金属离子的溶液，然后将连接到电池的金属棒压在上面并移动，字母就会浮现出来

法拉第的"电报"

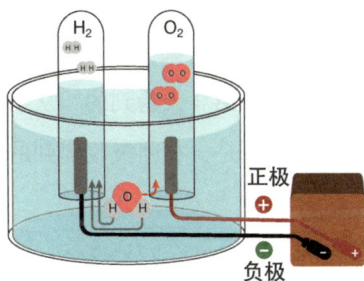

由电池在水中的作用产生的气体被分别收集在两个圆筒中

接下来，法拉第又做了一个实验，将连接电池正负极的金属板（电极）分别放入水中，并通电。随后，每个电极都有气体逸出。但连接到电池负极的金属板（阴极）的气体发生量，正好是连接到电池正极的金属板（阳极，这个称呼也是法拉第创造的）的两倍。

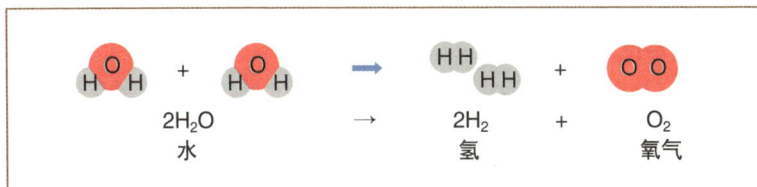

$$2H_2O \rightarrow 2H_2 + O_2$$
水　　　　氢　　　氧气

从水中提取氢气

蜡烛的燃烧	蜡烛中含有的氢原子 ＋ 空气中的氧气→水
电池的作用	$2H_2O \rightarrow 2H_2 + O_2$
	水　　　　　氢　　　氧气

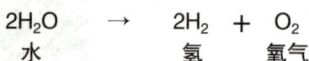

混合过氧化氢和二氧化锰以产生氧气

在产生氧气的烧杯中放入点燃的蜡烛，火焰会变得更强烈，更明亮

产生氧气并观察火焰的变化

法拉第点燃了在阴极收集到的气体，证明它是氢气。因为氢气是从水中提取的。到目前为止，虽然其方法与第3天看到的"从水中提取氢气的实验"不同，但结果相同。问题是，在阳极收集到的气体量较少，它是什么？

当在阳极收集的气体中放入点燃的木片时，它会剧烈燃烧。法拉第解释说，这种气体是具有燃烧能力的"氧气"。从水中，不仅提取了氢气，还提取了氧气。正如在之前演讲中看到的，水中包含的氢气和氧气原本就是蜡烛的成分和空气中的成分。总结起来，就是上面的公式。

氧气具有助燃作用。如上图所示，在过氧化氢和二氧化锰混合产生氧气的容器中，放入点燃的蜡烛，容器中的氧气使蜡烛的火焰变得更大、更亮了。

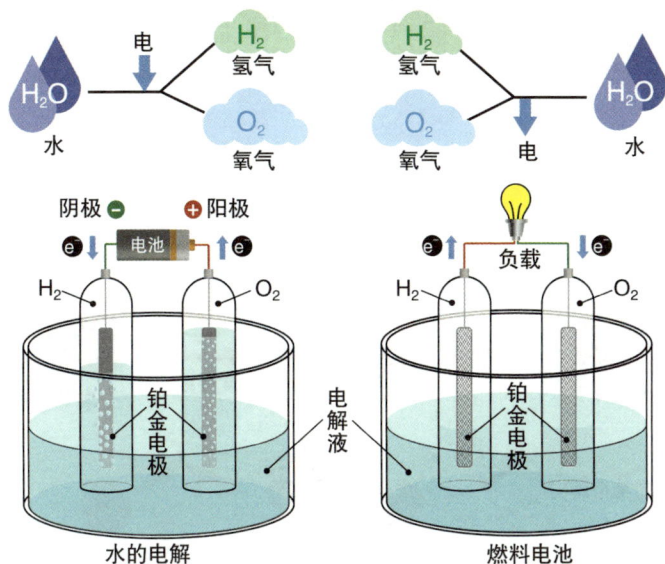

水的电解　　　　　　　　　　　燃料电池

燃料电池的机制

　　在这种结构中，燃烧电池无法长时间持续高效地发电。有一种结构类似"气体扩散电极"，但效率更高的燃料电池正在研究中。

　　在法拉第的演讲中，他除了演示铁丝和硫黄可以很好地燃烧，还讲解了钾与水接触时发生的燃烧反应。由于钾很容易与氧气结合，所以不仅是气态的氧气，即使水中含有的氧原子也能被强行夺走而燃烧起来。这样，法拉第解释了氧气在帮助物质燃烧的同时，还能与这种物质结合，变成另一种物质。以此结束了第 4 天的演讲。

　　因此，第 4 天演讲开始的问题 4 的答案就清楚了，是选项①。胃酸消化食物是通过酸使蛋白质变性、使酶更容易分解的结果，并不是氧气直接参与的反应。选项②的燃料电池，它的原理是利用水电解反向反应，通过氢气和氧气的化学反应产生电能的电池。这个原理是由法拉第的导师戴维提出的。

专栏 臭氧层在哪里?

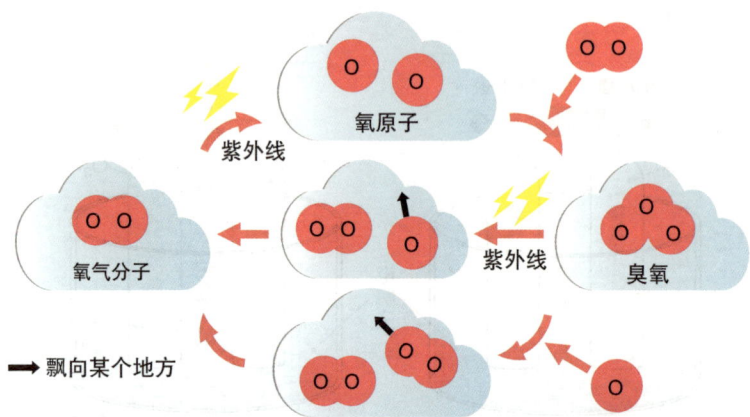

氧原子

紫外线

氧气分子

紫外线

臭氧

➡ 飘向某个地方

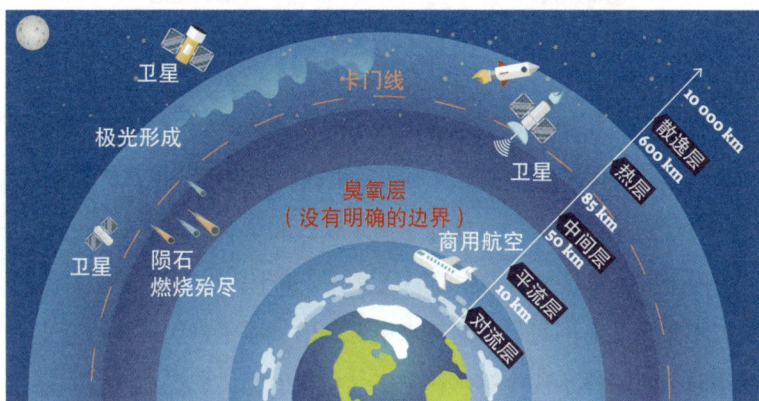

卫星

卡门线

极光形成

臭氧层
(没有明确的边界)

卫星

陨石
燃烧殆尽

商用航空

10 000 km

散逸层

600 km

热层

85 km

中间层

50 km

平流层

10 km

对流层

　　问题4中的选项③"臭氧",是一种由3个氧原子结合形成的物质。当来自太阳的紫外线穿透地球的大气层时,氧分子吸收紫外线并发生化学反应,产生臭氧。产生的臭氧也吸收紫外线并变回氧分子。这种化学反应发生的地点就是"臭氧层"。由于臭氧层消耗了紫外线的能量,我们所在地面的紫外线变得非常弱。紫外线对人类有害,会导致皮肤癌和白内障等,对许多生物也有害,因此臭氧层的存在是非常重要的。

🧪 实验③

从变成茶色的 10 元硬币中提取氧气，使其恢复为干净的 10 元硬币

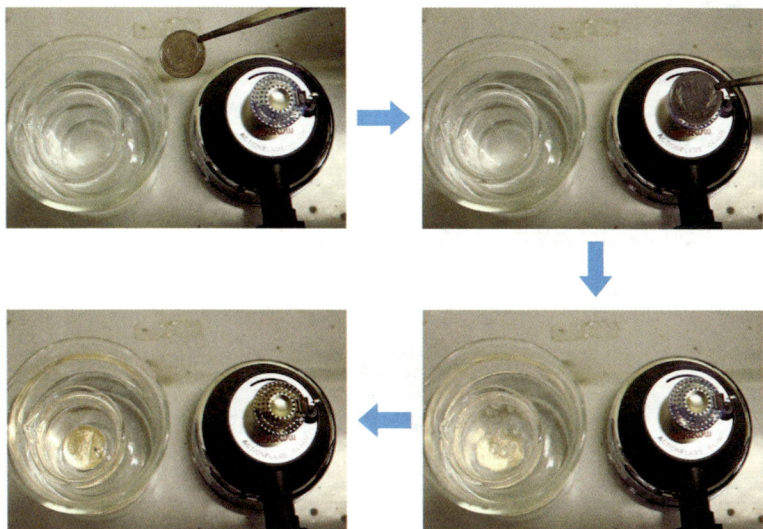

清洁 10 元硬币

准备物品：10 元硬币、燃烧器（也可以是煤气灶）、消毒酒精

10 元硬币变成了茶色是由铜与氧气结合（$2Cu+O_2 \rightarrow 2CuO$）造成的。如果将氧转移到其他物质上，就可以恢复干净的 10 元硬币。

将 10 元硬币在燃气炉上加热，然后迅速将其浸入消毒酒精中（这个时候如果磨磨蹭蹭，酒精蒸气可能会把加热了的 10 元硬币点燃，非常危险）。酒精分子中的碳比铜更容易与氧结合，因此氧从 10 元硬币中被夺走，恢复了干净的铜表面。

第五节　空气中含有氮气

知识点　空气的性质和蜡烛的其他成分

问题 5 ◄　1升PET瓶里的空气质量是多少？

① 0克（质量为零）

② 约4.5克 [与10元硬币（4.5克）相同]

③ 约1.2克 [比1元硬币（1.0克）稍重一点]

法拉第开创的世界——从铁匠之子到电磁之父的科学传奇

第 5 天的演讲从"为什么蜡烛在空气和氧气中的燃烧方式有所不同？"的疑问开始。法拉第强调这是因为"与空气的性质密切相关，这一点非常重要"。因此，第 5 天的主角是空气。

在第 4 天的演讲中，确认了氧气具有助燃作用。在第 5 天的演讲中，演示了即使不燃烧也能确定氧气存在的方法。我们尝试重现这个实验，但没有得到明显的结果（你能看出下页图片中的颜色差异吗？）法拉第当时在只有蜡烛光线的演讲会场是如何进行实验的，现在是个谜。在这里，我们参考法拉第的实验方法，进行如下实验。在两个瓶中放入铜和"稀硝酸"，用玻璃板封闭。看起来和第 4 天的实验一样，但产生了比二氧化氮少一个氧原子的"一氧化氮"。

将氧气和一氧化氮反应，会产生二氧化氮并变成红棕色，因此可以证明氧气的存在。将气体与水混合，它就变成无色的了。

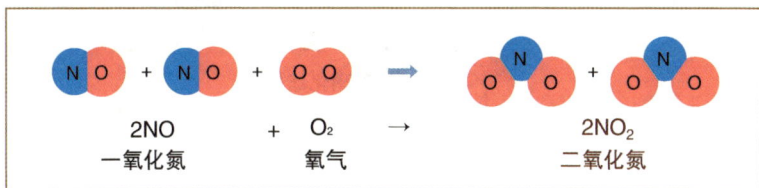

一氧化氮和氧气的反应

这种一氧化氮是无色的，但与氧气接触时会变成二氧化氮，变成红棕色。利用这个性质，可以确定氧气的存在。接下来，将一个装有空气的瓶子和一个装有氧气的瓶子，按照瓶口对瓶口上下紧密对准。移除中间的玻璃板后，两者都变成茶色，但装有空气的瓶子的颜色更浅。这表明空气中含有氧气以外的气体。这种气体是"氮气"。尽管氮气在空气中存在最多，但直到第5天的演讲中才出现。原因是它几乎不与其他物质发生反应。它不像氢气那样容易燃烧，也不像氧气那样可以助燃。法拉第是这样解释氮气的。

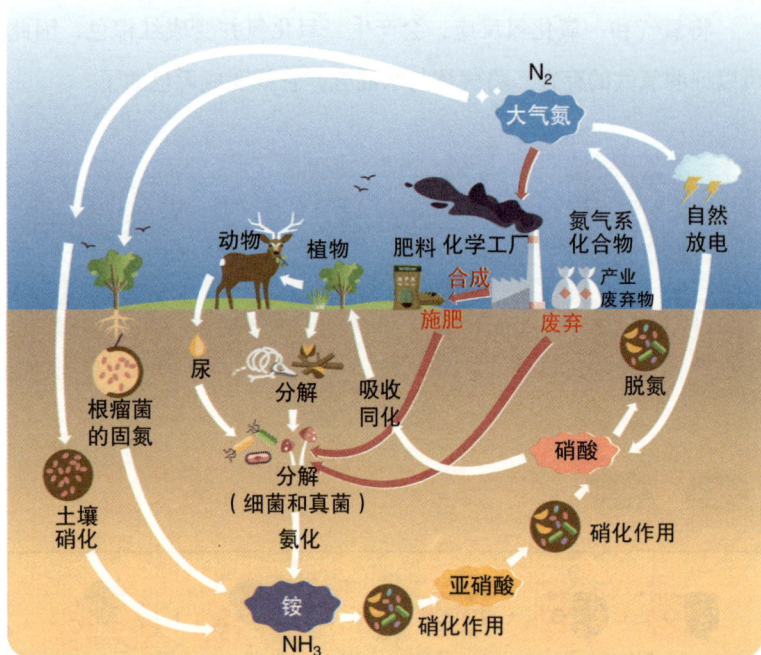

氮循环

　　"氮气是种无趣的物质。也许大家会想，这种东西在空气中有什么用呢？"实际上，如果空气中没有氮气，只有氧气，火焰就会剧烈燃烧。氮气削弱了氧气的作用，使火更容易控制。同时，氮气还分散了从蜡烛中产生的烟雾，并将其运送到需要的地方。例如，维系植物的生长等。

　　在这里，法拉第不经意地说"蜡烛的烟雾维系了植物的生长"。这将在第 6 天的演讲中解释。但实际上，氮气本身不仅在植物的生长中，甚至也是我们生命中不可或缺的元素。因为所有生物的基因以及蛋白质都要用到氮原子。那么，这些氮原子来自哪里呢？实际上，是大气中的氮气以不断变化的形式存在着，它首先被植物吸收，然后通过动物食用植物，逐渐传播到所有的生物中，如上图所示。

法拉第开创的世界——从铁匠之子到电磁之父的科学传奇

然后使用工具将空气压入瓶中，预先充气球等物体以测量体积，并进行计算，以确定压入多少升空气、需要多少次

将空瓶放在秤上，将其质量调至0

使用泵压入0.22升空气后，质量增加了0.26克

测量空气的重量

现在，我们已经弄清楚了空气的大部分成分。空气中大约80%是氮气，大约20%是氧气。在这里，让我们思考一下问题5。由这种比例混合的氮气和氧气组成的空气，它的质量是多少？

法拉第演示了"测量空气质量的实验"。将空气用泵压入铜制的特殊容器中，通过增加的质量来测量空气的质量。这个实验在现代可以如上图所示那样，很简单地就可进行。准备一个空的碳酸饮料PET瓶，以及商店等地方出售的防碳酸泄漏工具，就可测算出空气的质量大约是每升1.2克，这比1元硬币略重。因此，问题5的答案是③。

怎么样？是不是出乎意料地很重？如果空气的量足够多，那么质量也会变得非常的大。

拉动泵

气囊膜

抽出空气

空气推回实验

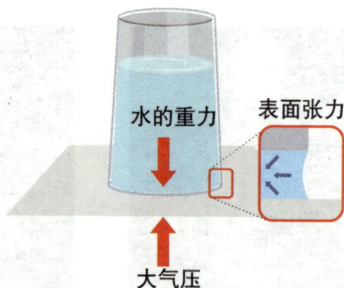

水的重力

表面张力

大气压

在装满水的杯子上放一张卡片，即使倒转，由于大气压和表面张力的存在，水不会溢出，卡片也不会掉落

不倒水杯

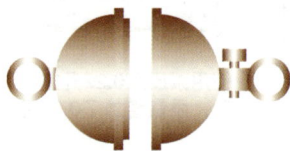

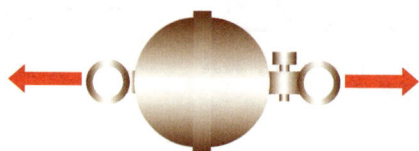

将半球紧密贴合在一起，抽出内部空气后，无法将半球分开

马德堡半球

　　通过几个浅显易懂的实验，法拉第告诉了我们空气产生的重力会产生什么结果。他用泵抽出空气，通过气压打破气囊膜；或者用卡片盖住装满水的杯子并倒置，由于水的表面张力作用，水不会流出等，如上图所示。虽然肉眼看不见，但实验证实了具有一定质量的空气这种物质确实存在于我们的周围。就像生活在水里的鱼可能没有意识到水的存在一样，生活在空气中的我们通常也没有意识到空气的存在。法拉第的演讲让我们意识到这一点。

　　在解释了空气的质量之后，演讲又回到了蜡烛的话题。法拉第说"接下来将是一个非常重要的话题"，并做了如下页图片所示的实验。将一个像烟囱一样的装置放在点燃的蜡烛上。装置底部有孔，空气可以进出，所以火可以持续燃烧。

将燃烧过蜡烛的空气收集起来放入瓶中

变成了白色！

石灰水被用作糖果的干燥剂，将生石灰溶解在水中，通过滤纸过滤制备

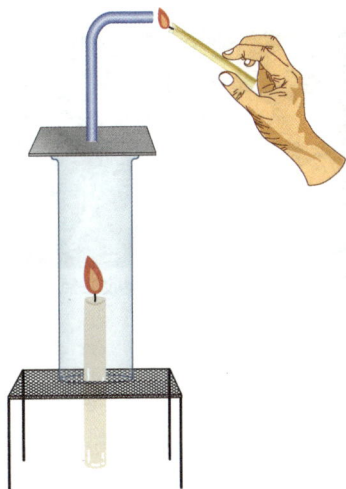

将火靠近从烟囱中出来的气体，火会熄灭

使用石灰水的反应

　　正如第 3 天的实验中所确认的那样，装置的内侧有水积聚，形成雾气。另外，从烟囱顶部也有物质逸出。将小蜡烛的火焰靠近那里，火就熄灭了。这是否是因为空气中大量存在的"氮气"呢？实际上，这里隐藏着另一个重要成分。

　　为了验证这一点，法拉第将蜡烛燃烧后的空气收集在瓶中，并向瓶中倒入"石灰水"。于是，原本无色透明的石灰水变成了奶白色的浑浊液体。这种变化通常不会发生在普通空气中。氧气和氮气都不会使石灰水发生变化。这是蜡烛燃烧产生的某种物质改变了石灰水。实际上，这种成分以不同的形态存在，并且大量存在于我们周围。例如，粉笔、大理石、贝壳等（见下页图片）。向这些物质中加入酸，会发生与蜡烛燃烧产生的成分相同的反应，产生大量泡沫。将这些泡沫收集起来并加入石灰水，石灰水也会变得浑浊。这种物质称为二氧化碳。

粉笔的原料是石灰岩，石灰岩是由古代海洋生物的壳堆积而成

贝壳和珊瑚在海洋中会吸收二氧化碳

粉笔、贝壳、珊瑚

接下来，让我们来研究一下二氧化碳的性质。向粉笔粉末中倒入盐酸，会产生大量的二氧化碳（见下图）。将产生的二氧化碳倒入另一个已经点燃蜡烛的容器中，火就熄灭了。从这一现象我们知道，二氧化碳比空气重，并且可以熄灭蜡烛的火焰。

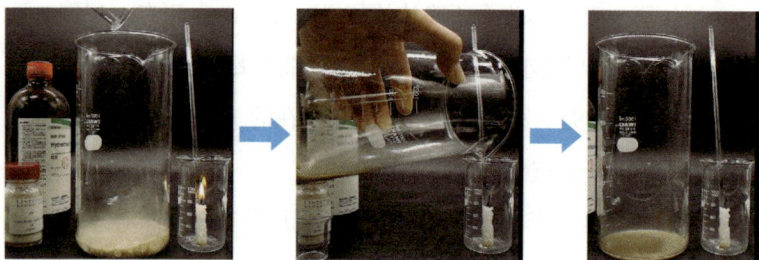

研究二氧化碳的性质

法拉第为什么说蜡烛燃烧产生二氧化碳是一个"非常重要的话题"呢？这与他之前不经意说的"蜡烛的烟雾维持了植物的生命"有关。演讲终于进入到最后一天，也就是第 6 天。

空气及其与压力、能量之间的关系

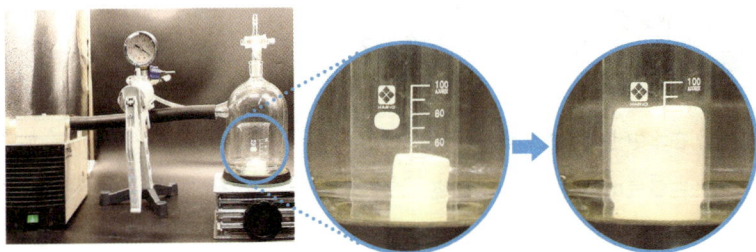

棉花糖膨胀实验

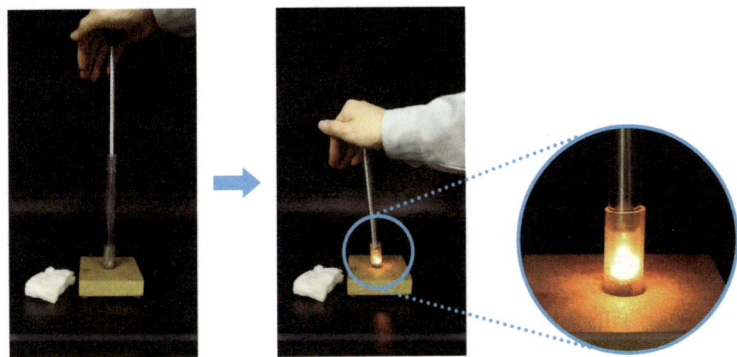

急剧压缩空气的实验

　　在空气中，有大量的氮气和氧气等分子在做激烈运动。将棉花糖放入密封容器中，用泵抽出空气，棉花糖会膨胀，这是因为挤压棉花糖的空气分子数量减少了。

　　相反，如果急剧压缩空气，由于氮气和氧气等分子的激烈运动，导致温度上升。这种现象在东南亚被用作点火的方法。卡尔·冯·林德在演讲中进行了演示（大约 1877 年）。鲁道夫·迪塞尔是听到这次演讲的人之一，他后来发明了柴油发动机。

第六节　产生二氧化碳

知识点　呼吸、蜡烛燃烧以及光合作用

问题6 ➡ **以下哪个是正确的?**

① 在水中也有可以燃烧的物质

② 在氧气中有些物质无法燃烧

③ 在二氧化碳中也有些物质可以燃烧

H_2O　　O_2　　CO_2

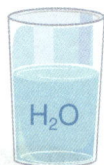

在 最后一天的演讲中,法拉第介绍了日本的和式蜡烛,并从科学家的角度解释了它与欧洲蜡烛的区别。这些解释是对过去五天演讲内容很好的复习。针对本书中提出的几个问题,也为了更好地复习到目前为止所讲的内容,还稍微增加了一些相对较难的内容。

日本的和式蜡烛

问题 6 的选项①是第 2 天和第 3 天的演讲中出场过的"水"，选项②是第 4 天和第 5 天演讲中出现过的"氧气"，选项③是第 5 天和第 6 天讲过的"二氧化碳"。选项①"在水中也有可以燃烧的物质"，假如你还记得在第 4 天临近演讲结束时，法拉第演示的将钾放入水中燃烧的实验的话，你就知道这句话是正确的。那么，剩下的选项②和③是不正确的吗？让我们在第 6 天的演讲中边看边思考这个问题。

过一会儿火就熄灭了

将点燃的火柱放入装有氧气的瓶中的实验

第 6 天的第一个实验是将浸透油的海绵点燃（见上图），点燃后产生了大量黑烟。将这种黑烟放入第 5 天演讲到的含有氧气的瓶中，黑烟消失了。这种黑烟的本质与第 2 天从蜡烛火焰上部取出的"黑烟"相同，是碳的细小颗粒。这种碳原本在海绵和油中就存在着。当它燃烧并与氧气结合时，变成二氧化碳（见下页化学方程式）。当它在空气中被点燃时，由于相对于碳的量氧气不足，碳没有完全燃烧，形成了黑烟（不完全燃烧，如下页左图所示）。

而当有足够的氧气时，碳完全与氧气结合，变成无色透明的二氧化碳，没有形成黑烟（完全燃烧，如下页右图所示）。

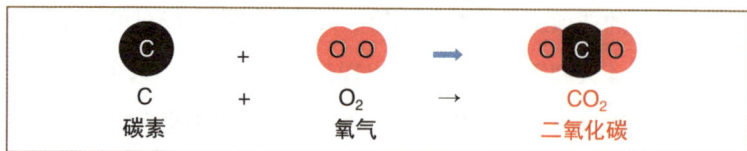

$$C + O_2 \rightarrow CO_2$$

碳素　＋　氧气　→　二氧化碳

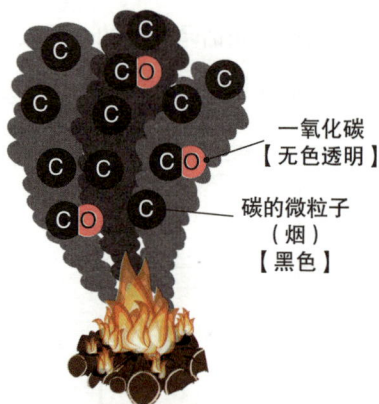

一氧化碳
【无色透明】

碳的微粒子
（烟）
【黑色】

二氧化碳
【无色透明】

不完全燃烧
无法与氧气结合的碳会形成微粒子，
而少量能够结合的碳会生成一氧化碳

完全燃烧
产生二氧化碳

完全燃烧和不完全燃烧

　　此外，法拉第还解释了碳和氧气的总质量与产生的二氧化碳的质量相同（质量守恒定律），氧气的体积在与碳反应变成二氧化碳后也没有变化（阿伏伽德罗定律）。

　　这两个都是化学反应非常重要的定律，但法拉第说，"我并不想用这些详细的讲解让大家感到困扰"，于是停止了解释。那么，法拉第想要传达的重要法则是什么呢？

　　根据法拉第在第 4 天展示的实验，表明钾放入水中后可以夺取水中的氧原子并燃烧，这也意味着二氧化碳中所含有的氧原子也可以被钾夺取，即钾在二氧化碳中也可以燃烧。在这里，我们尝试用镁代替钾。镁比钾的反应温和，但一旦燃烧就会发出明亮的光。

118

将点燃的镁放入装有二氧化碳的瓶中。镁在二氧化碳中燃烧并发出明亮的光，如下图所示。这证实了二氧化碳中确实有氧。因此，问题 6 的选项③ "在二氧化碳中也有些物质可以燃烧" 也是正确的。可见，正确的答案不止一个。

在二氧化碳中燃烧镁

接下来，法拉第比较了碳和铁的燃烧（铁也可以燃烧，只要铁丝足够细长并充分与氧气接触也会燃烧，这里使用铁屑）。碳燃烧后变成气体二氧化碳并散发到空气中，完全燃烧后什么也没留下，但铁与氧气结合后变成了固体的 "铁氧化物" 残留物，如下图所示。因此，如果碳燃烧产生的二氧化碳不是气体而是固体，那么包括蜡烛在内的含碳燃料，在燃烧后会留下固体的二氧化碳，使用起来非常不方便。法拉第解释说，"将二氧化碳变成液体或固体并不是不可能的，但很困难"。

加热中的铁屑

铁屑的颜色变化

119

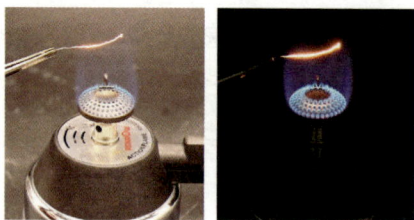

加热铂金线
注：将铂金线放入火中加热，只是变红并不会燃烧。

从上方吹气

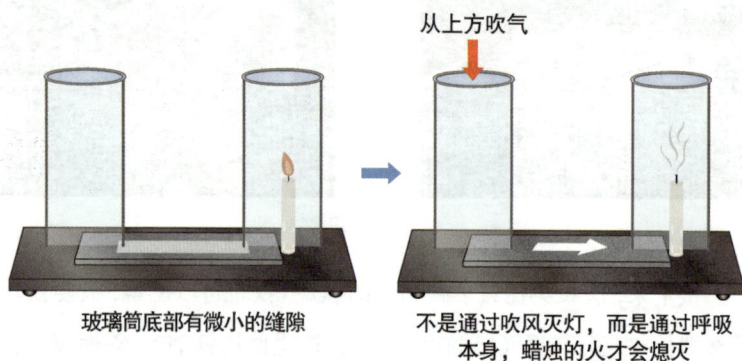

玻璃筒底部有微小的缝隙

不是通过吹风灭灯，而是通过呼吸本身，蜡烛的火才会熄灭

用呼吸灭蜡烛的火（法拉第的实验）

顺便说一下，像铂金和黄金这样的贵金属，即使同样加工成丝状并放入火中，也只是变红而不燃烧。这是因为它们与氧气反应非常困难。由于这个性质，铂金和黄金总是保持光泽，不会生锈，所以经常被用于珠宝制作等。因此，问题6的选项②"在氧气中有些物质无法燃烧"也是正确的。所有3个选项的内容都正确。

既然我们已经知道了答案，那么，法拉第在六天的演讲中最想传达的内容就清楚了。那就是"蜡烛的燃烧与人体内部发生的与生命相关的燃烧之间的关系"。法拉第搭建了一个简单的装置，演示了如何一口气吹灭蜡烛。

此外，法拉第还演示了这样的实验（见下页图片）。借用法拉第的话说就是"哪怕仅仅一次呼吸就能使瓶中的空气完全变得'无用'"。

将没有底的瓶放入装满水的桶中，放入点燃的蜡烛，蜡烛会持续燃烧

取出蜡烛并盖上盖子，吸入里面的空气再呼出，水位上下变化，可以看出空气在流动

再次放入蜡烛，这次火会熄灭

用呼吸将蜡烛火焰吹灭

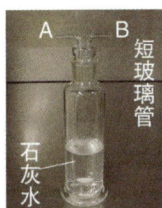

当你从B吸入气体时，从A进入空气，空气通过石灰水到达B口

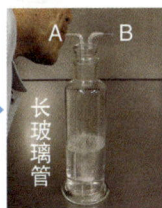

当你向A呼出气体时，石灰水会变白

呼出气体与石灰水发生反应

接着，法拉第通过呼吸吹石灰水，确认了呼出的气对石灰水的影响。从这些实验中，我们可以了解到人类的肺部通过呼吸利用了空气中的氧气，并产生二氧化碳。那么，在人体内部究竟发生了什么呢？

详细检查呼出的气体成分，发现氧气并没有完全耗尽，还剩下大约16%。空气中原本含有约21%的氧气，减少了约5%（见下页左图）。此外，仔细检查蜡烛燃烧后的空气，发现氧气剩下约17%。没想到，呼出的气体和蜡烛燃烧后的空气中含有的氧气浓度几乎相同。法拉第最想向观众传达的内容，即"蜡烛的燃烧与人体内部发生的与生命有关的燃烧之间的关系"，终于在最后一天的演讲中解释清楚了。拉瓦锡也说过，"呼吸是一种缓慢的燃烧"。

121

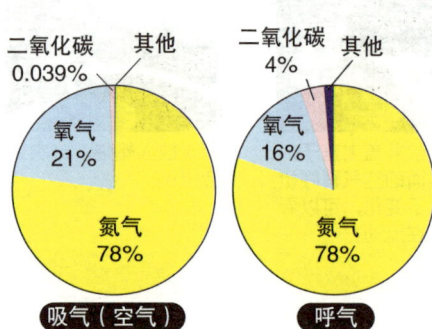

二氧化碳 0.039%　其他

氧气 21%

氮气 78%

吸气（空气）

二氧化碳 4%　其他

氧气 16%

氮气 78%

呼气

吸气和呼气的成分

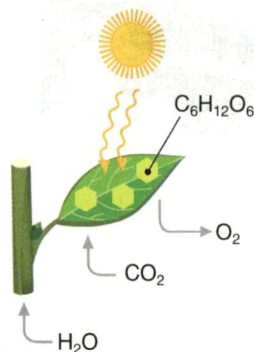

$C_6H_{12}O_6$

O_2

CO_2

H_2O

光合作用

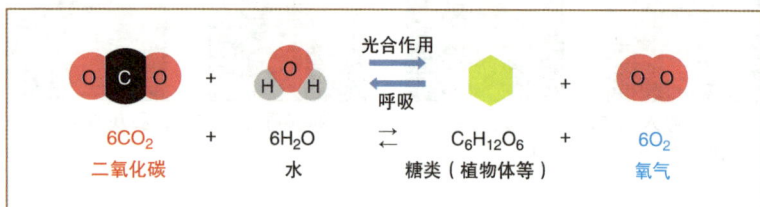

$6CO_2$ 二氧化碳 ＋ $6H_2O$ 水 ⇄（光合作用／呼吸）$C_6H_{12}O_6$ 糖类（植物体等）＋ $6O_2$ 氧气

　　法拉第曾经在第5天的演讲中说过，"蜡烛的烟雾维持了植物的生命"，意思是说蜡烛烟雾中的二氧化碳对植物来说是一种重要的营养物质。植物的光合作用是如上图反应式中箭头指向右边的反应，即使用光能从二氧化碳和水中制造糖分和氧气的反应。这些糖分成为植物自身的构成或营养。而动物食用植物制造的糖分，通过吸入氧气并燃烧，产生能量。上述反应式表示，这与植物的光合作用恰好相反，是箭头指向左边的反应。也就是说，地球上的所有生物都是通过交换有限的物质共同生存着。

　　法拉第最后的赠言如下。

迈克尔·法拉第

"我希望年轻的你们能像蜡烛一样，在即将到来的你们的时代里发光。

也就是说，在你们的一切行动中，通过正确、有益的行为来履行你们对人类的义务，像蜡烛一样照亮世界。"

实验⑤

燃烧糖会发生什么？

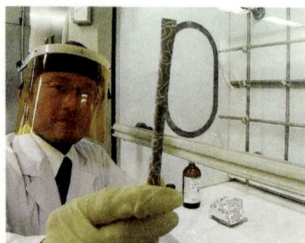

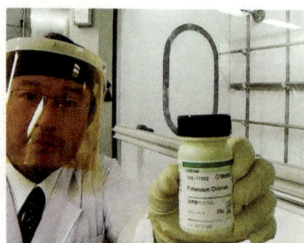

准备材料：
- 一根棒棒糖（3克）
- 氯酸钾（$KClO_3$，含有大量氧气）
- 硫酸（适量）

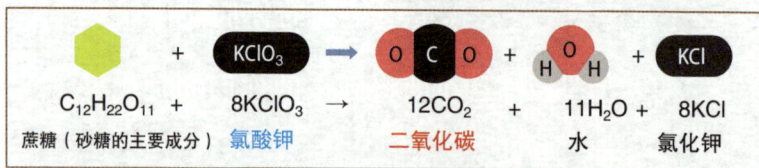

$$C_{12}H_{22}O_{11} + 8KClO_3 \rightarrow 12CO_2 + 11H_2O + 8KCl$$

蔗糖（砂糖的主要成分）　氯酸钾　　　二氧化碳　　水　　氯化钾

燃烧糖会发生什么

　　1克糖燃烧会产生17千焦耳的能量。这相当于步枪发射大约12发子弹（3.5克，900米/秒）的能量。糖在人体内燃烧得很慢，如果使用化学药品进行快速燃烧的话会怎么样呢？

　　将砂糖和氯酸钾充分混合，慢慢加入适量的硫酸（点火），就能看见在发出热和光的同时猛烈燃烧。此时的化学反应式如上图所示。火焰呈现紫色是因为钾的燃烧反应。在法拉第的演讲中出现过很多燃烧钾的实验，那时的火焰应该都是这样的颜色。

法拉第开创的世界——从铁匠之子到电磁之父的科学传奇

法拉第生平事迹年谱

公历年	年龄	事件
1791	出生	在伦敦的纽因顿区出生（9 月 22 日）
1796	5 岁	全家搬到伦敦
1804	13 岁	成为装订商乔治·里博的学徒
1805	14 岁	成为报童
1809	18 岁	搬到威斯敏斯特的家中
1810	21 岁	父亲詹姆斯去世； 参加约翰·泰特姆的讲座
1812	21 岁	在英国皇家研究所听汉弗莱·戴维的公开讲座； 在罗什的商店工作
1813	22 岁	被英国皇家研究所聘为戴维的助手； 作为戴维的随从开始欧洲大陆之旅（1813 年 10 月 13 日至 1815 年 4 月 23 日）
1814	23 岁	在米兰会见亚历山德罗·伏打，在日内瓦会见让-巴蒂斯特·杜马
1815	24 岁	结束欧洲大陆之旅，返回伦敦； 重返英国皇家研究所
1816	25 岁	发表第一篇论文（关于生石灰的研究）
1819	28 岁	研究铁合金
1820	29 岁	合成碳和氯的新化合物
1821	30 岁	与萨拉·伯纳德结婚； 成功进行电磁旋转实验
1823	32 岁	成功液化氯气； 与戴维产生矛盾
1824	33 岁	被选为英国皇家学会会员

液化氯

公历年	年龄	事件
1825	34 岁	担任英国皇家学会光学玻璃改进委员会成员； 发现苯和异丁烯； 担任英国皇家研究所实验室主任； 在英国皇家研究所开始星期五讲座
1826	35 岁	开始在英国皇家研究所为儿童举办圣诞讲座
1827	36 岁	拒绝成为伦敦大学教授的邀请； 雇佣助手安德森
1829	38 岁	戴维去世
1830	39 岁	在陆军军官学校讲授化学
1831	40 岁	发现电磁感应
1832	41 岁	获得科普利奖章
1833	42 岁	首次发现物质的半导体性质； 确认电的同一性，引入与电解相关的术语
1834	43 岁	发现电解定律 （第一定律：1833 年发表；第二定律：1834 年发表）
1835	44 岁	发现自感应
1836	45 岁	在伦敦大学发表演讲；成为"三一之家"的科学顾问
1837	46 岁	开始研究静电感应实验
1838	47 岁	发现真空放电中的法拉第暗区；母亲玛格丽特去世
1839	48 岁	在布莱顿南部静养
1841	50 岁	在瑞士静养
1844	53 岁	确认气体液化存在临界温度
1845	54 岁	发现光和磁场之间的法拉第效应； 发现反磁性
1846	55 岁	兄弟罗伯特去世

发现苯

发现电磁感应

发现半导体现象

发现电解定律

发现法拉第效应

公历年	年龄	事件
1850	59 岁	发现氧气的显著顺磁性； 发表关于重力和电力的实验
1851	60 岁	研究磁力线
1853	62 岁	通过力学实验否定心灵现象（桌子转动）
1855	64 岁	在《泰晤士报》上发文警告泰晤士河的污染情况
1858	67 岁	拒绝担任英国皇家学会主席的邀请； 被维多利亚女王赐予汉普顿宫的住宅
1859	68 岁	进行关于重力和电力的详细再实验； 出版《化学和物理学的实验研究》
1860	69 岁	圣诞讲座"蜡烛的故事"
1862	71 岁	进行最后的星期五讲座； 进行最后的实验，研究磁场对光谱的影响
1864	73 岁	拒绝英国皇家研究所所长的邀请
1865	74 岁	辞去英国皇家研究所的职位
1867	75 岁	在汉普顿宫去世；享年 75 岁（8 月 25 日）

..⟶ 发现氧气的顺磁性

Work. Finish it. Publish.

Michael Faraday

与法拉第本人研究主题相关的星期五讲座

日期	讲座标题	出席人数
1832 年 1 月 27 日	普拉纳利亚的自我再生能力：约翰逊博士的观点	不明
1832 年 2 月 17 日	伏打电池和电磁感应：近期实验研究	不明
1832 年 3 月 2 日	电磁感应及其对金属运动的阿拉戈磁效应的解释	不明
1832 年 3 月 30 日	地磁感应作用：自然和人工电力的产生	不明
1833 年 2 月 1 日	各种方法产生的电力的等价性	不明
1833 年 3 月 1 日	发光放电的速度及其本质的研究	不明
1834 年 3 月 7 日	电化学分解	不明
1834 年 4 月 11 日	电力的确切作用	不明
1834 年 5 月 24 日	电力传导的新法则	不明
1835 年 2 月 6 日	电流的感应	460
1836 年 2 月 19 日	金属的一般特性：磁性	674
1837 年 3 月 17 日	提高普通伏打电池性能的硫酸铜利用：德拉鲁的方法	675
1837 年 4 月 28 日	铁在化学亲和力中表现出的特殊电力性质	582
1838 年 1 月 19 日	电力传导	382
1838 年 6 月 8 日	电力传导与电力绝缘的关系	714
1839 年 1 月 18 日	电鳗的行为	554
1839 年 3 月 22 日	船舶用罗盘仪的爱利法修正	656
1840 年 1 月 24 日	电镀	472
1840 年 5 月 8 日	伏打电池电力的起源	675
1842 年 4 月 15 日	闪电中的电力传导	773
1843 年 1 月 20 日	电力传导的一些现象	555
1844 年 1 月 19 日	电力传导和物质本质的推论	732

日期	讲座标题	出席人数
1845 年 1 月 31 日	常温下为气体的物质的液化和固化	861
1846 年 1 月 23 日	光的磁性	1 003
1846 年 3 月 6 日	物质的磁性	1 000
1846 年 4 月 3 日	惠斯通的电磁钟	706
1848 年 4 月 14 日	火焰和气体的反磁性	909
1849 年 2 月 26 日	物体的反磁性和磁气结晶状态（阿尔伯特王子出席）	331
1850 年 2 月 1 日	大气带电	806
1851 年 1 月 24 日	氧气和氮气的磁性及其相互关系	813
1851 年 4 月 11 日	大气的磁性	1 028
1852 年 6 月 11 日	磁力线	895
1852 年 6 月 23 日	磁力线	670
1853 年 1 月 21 日	磁力线的考察	830
1854 年 1 月 20 日	电磁感应：电流效应和静态效应的相乘作用	762
1854 年 6 月 9 日	磁性的假设	806
1855 年 1 月 19 日	磁性的基本思考	576
1854 年 5 月 25 日	电力传导	562
1856 年 2 月 22 日	某种磁力作用及其影响	903
1857 年 6 月 12 日	金和光的关系	735
1858 年 2 月 12 日	静电感应	796
1861 年 2 月 22 日	铂金：与蜡烛的化学史一同出版	883
1862 年 6 月 20 日	煤气炉	812

法拉第主持的讲座（1834 年至 1836 年）

日期	演讲者	讲座标题	出席人数
1834 年 4 月 25 日	约翰·戴维森	埃及的金字塔	720
1834 年 5 月 2 日	狄奥尼修斯·拉德纳	巴贝奇的计算机械	708
1834 年 5 月 9 日	约翰·道尔顿	关于蒸汽的原子论	594
1835 年 2 月 13 日	约翰·兰德西尔	从费内奇亚最近带回的历史悠久的雕刻纪念碑，现在属于普鲁多姆勋爵	360
1835 年 4 月 10 日	狄奥尼修斯·拉德纳	哈雷彗星	820
1836 年 5 月 6 日	约翰·弗雷德里克·丹尼尔	新型常规伏打电池	503
1836 年 5 月 27 日	托马斯·佩蒂格鲁	埃及的木乃伊开棺	810
1836 年 6 月 3 日	理查德·比米什	泰晤士河的现状和未来	426

术语解释

n型半导体　富含负电荷自由电子的半导体。在施加电压时，自由电子被吸引至正（+）方向，产生电流。

固体物理　研究固体及其内部物理现象，或解释这些现象的学科。目前，应用量子力学对固体物质进行研究。

铅玻璃　在玻璃的主要成分石英砂（SiO_2）和钾中加入氧化铅（PbO）的玻璃。与普通玻璃相比，具有更高的折射率和色散率。此外，铅玻璃能有效阻挡X射线等放射线。

静电容量　电容器是一种可以存储和释放电能的元件。静电容量指的是电容器能存储的电荷数量。以单位电压下存储的电荷量表示。单位是F（法拉）。

整流作用　在电路中施加电压时，只允许电流单向流动的作用。当两种性质不同的半导体结合时，顺向电压下电流能流动，逆向则不流动。

电荷量（e）　电荷量的最小单位。一个电子所带的电荷量，$e = 1.602 \times 10^{-19}$ C（库仑）。因此，总电荷量是一个电子所带电荷量（e）的整数倍。

电场线　为了理解电荷之间的引力和斥力（电场），迈克尔·法拉第提出了虚拟线的概念。电场线从正电荷指向负电荷。

p型半导体　与n型半导体相对应，是一种电子缺失的半导体。由于存在电子缺失而产生电子空穴（带正电），在施加电压时，电子空穴被吸引至负（−）方向，产生电流。

荷质比　电子或离子等电荷量（e）与质量（m）的比（e/m）。1897年J·J·汤姆孙发现荷质比，从而证实了电子的存在。

衍生物　在化合物结构中部分被其他化合物替代而形成的新化合物。例如，氯苯是苯中的一个氢原子被氯原子替代的结构，因此可以认为是苯的衍生物。

熔融盐电解　高温条件下利用熔融盐作为电解质的电解方法。与使用液体电解质的电解不同，通过熔融盐电解可提取钠等碱金属。

量子力学　解释原子及其构成的电子的运动和状态的学科。起源于马克斯·普朗克的黑体辐射。量子力学诞生之前，牛顿的运动定律等被称为经典力学。